참 쉬운
뚝딱 한국사

3

참 쉬운 뚝딱 한국사 ❸

조선 전기

1판 1쇄 펴냄 2022년 4월 19일
1판 2쇄 펴냄 2022년 8월 25일

글쓴이 장미애
그린이 강혜숙
감수 및 추천 서울 초등사회교과교육연구회
펴낸이 박상희
편집 주간 박지은
편집 진행 김지호
기획·편집 박물관북스
디자인 아이디어스푼
펴낸곳 ㈜비룡소 출판등록 1994.3.17.(제16-849호)
주소 06027 서울시 강남구 도산대로1길 62 강남출판문화센터 4층
전화 영업 02-515-2000 편집 02-3443-4318, 9 팩스 02-515-2007
홈페이지 www.bir.co.kr
제품명 어린이용 반양장 도서
제조자명 ㈜비룡소
제조국명 대한민국
사용연령 3세 이상

ⓒ 장미애, 강혜숙, 박물관북스 2022. Printed in Seoul, Korea.

ISBN 978-89-491-8276-6 74910 / ISBN 978-89-491-8280-3 (세트)

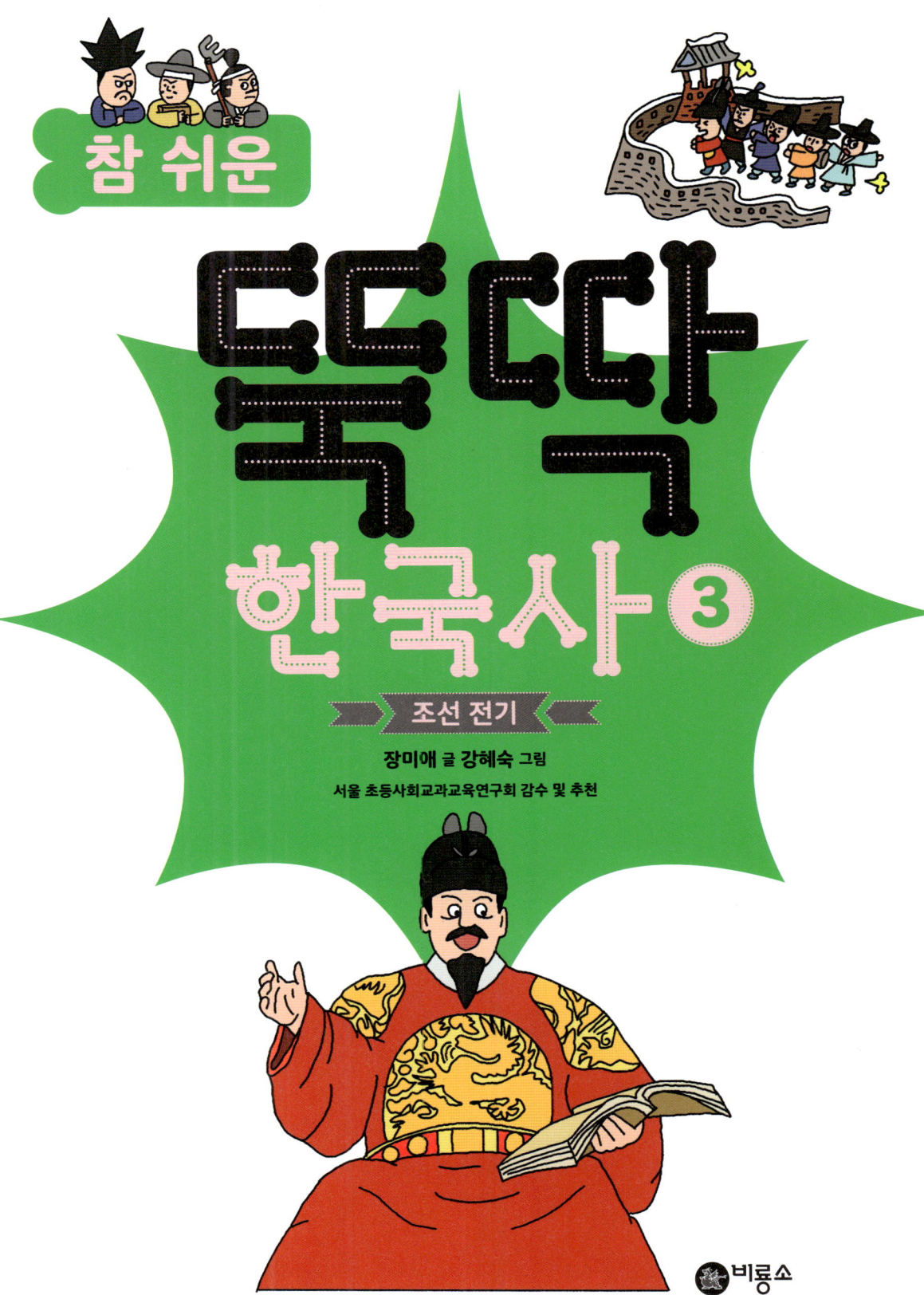

참 쉬운

똑똑 한국사 ③

조선 전기

장미애 글 강혜숙 그림
서울 초등사회교과교육연구회 감수 및 추천

비룡소

차례

1장

010 사대부의 나라, 조선이 세워지다

- 012 찢어지게 가난하고 먹고살기 힘든 고려 말의 백성들
- 014 신진 사대부가 등장하다
- 016 정도전과 이성계, 손을 잡다
- 018 위화도에서 무슨 일이?
- 020 토지 개혁으로 백성의 마음을 얻다
- 022 고려를 지킬 것인가, 새 나라를 세울 것인가?
- 024 이 몸이 죽고 죽어 일백 번 고쳐 죽어
- 026 고조선의 후예, 조선
- 028 한양에 살으리랏다
- 030 종묘와 사직을 지었어요
- 032 경복궁과 여러 건물을 지었어요
- 034 새롭게 태어난 나라의 중심, 한양

- 036 단원 정리

2장

038 백성을 위한 나라를 만들라

- 040 ● 이방원, 내가 조선의 왕이다
- 042 ● 태종이 왕권을 강화하다
- 044 ● 세종, 셋째 아들에서 왕이 되다
- 046 ● 조선의 인재가 다 모인 곳, 집현전
- 048 ● 과학 기술과 문화의 눈부신 발전
- 050 ● 농사법도 알려 주고, 악기도 만들고
- 052 ● 여진족과 왜구를 몰아내라!
- 054 ● 드디어 우리 글자가 생기다
- 056 ● 조선 시대에도 국민투표가 있었다고?

- 058 ● 단원 정리

3장

060 법으로 다스려라!

- 062 ● 열두 살에 왕이 된 소년, 단종
- 064 ● 수양 대군, 왕의 자리를 차지하다!
- 066 ● 강한 나라, 강한 임금 세조
- 068 ● 조선의 법과 제도를 완성한 성종
- 070 ● 사림파, 등장이요!
- 072 ● 왕이 된 연산군이 흥청망청
- 074 ● 중종과 그의 신하 조광조
- 076 ● 문정 왕후는 왕인가, 왕비인가?
- 078 ● 익선관의 주인이 된 선조
- 080 ● 최후의 승자는 사림파!
- 082 ● 생각이 달라지는 동인과 서인
- 084 ● 선조 때 있었던 조선의 능력자들

- 086 ● 단원 정리

4장

088 조선 시대 사람들은 어떻게 살았을까?

- 090 ● 삼강오륜은 무엇일까요?
- 092 ● 귀한 사람, 천한 사람이 있다고?
- 094 ● 양반은 어떻게 살아갔을까?
- 096 ● 전문 직업을 가진 중인
- 098 ● 세금 내고 나라 지키는 상민
- 100 ● 말보다 못한 대접을 받은 노비
- 102 ● 남자는 장가가고, 여자는 시집가고

- 104 ● 단원 정리

5장

106 조선이 위험해요

- 108 ● 평화의 끝에 선 전쟁의 그림자
- 110 ● 일본을 통일한 도요토미 히데요시
- 112 ● 탕탕탕! 조총을 앞세워 쳐들어온 일본
- 114 ● 전하, 백성을 버리고 어디로 가시나이까?
- 116 ● 거북선과 판옥선, 적의 보급을 끊어라!
- 118 ● 의병, 승병 모두 일어나 나라를 구하다!
- 120 ● 붉은 옷을 입은 홍의장군, 곽재우
- 122 ● 명나라 군대도 왔어요
- 124 ● 행주 대첩에서 승리하다
- 126 ● 기나긴 강화 회담
- 128 ● 다시 시작된 전쟁, 정유재란
- 130 ● 이순신 장군, 모함으로 위험에 빠지다.
- 132 ● 13척으로 130척 적군을 무찔러 이긴 명량 해전
- 134 ● 7년 전쟁의 마침표를 찍다
- 136 ● 에비, 조선 사람들의 귀와 코
- 138 ● 기나긴 전쟁으로 고통을 겪는 백성들
- 140 ● 도자기로 엄청난 돈을 벌게 된 일본
- 142 ● 멸망의 길로 들어선 명나라
- 144 ● 임진왜란이 남긴 『난중일기』와 『징비록』
- 146 ● 한류의 원조, 조선 통신사

- 148 ● 단원 정리

6장

150 싸울 것인가, 화해할 것인가?

- 152 ● 어렵게 왕이 된 광해, 조선을 위해 힘쓰다
- 154 ● 허준, 『동의보감』을 완성하다
- 156 ● 조선을 지키기 위한 중립 외교
- 158 ● 쫓겨난 광해군, 왕이 된 인조
- 160 ● 오랑캐 후금이랑 친하게 지내기 싫어!
- 162 ● 싸울 것이냐, 화해할 것이냐 그것이 문제로다!
- 164 ● 남한산성에서 47일
- 166 ● 세 번 절하고 아홉 번 머리를 조아리다
- 168 ● 삼전도비의 교훈을 기억하라!

- 170 ● 단원 정리

7장

172 교과서보다 친절한 문화, 문화재 이야기

- 174 ● 검소하나 누추하지 않고 화려하나 사치스럽지 않은 조선의 건축
- 176 ● 기록의 나라, 조선
- 178 ● 조선 시대 사람들은 세상을 어떻게 생각했을까?
- 180 ● 화폐에 숨어 있는 조선의 문화
- 184 ● 무기를 알면 전쟁이 보인다
- 186 ● 조선 전기의 왕들

- 188 ● 이 책에 실린 사진 목록

초등 사회 교과 연계표

「참 쉬운 뚝딱 한국사」 시리즈는
현행 초등 사회 교과서의 교과 내용을 연계하여 구성했습니다.

통합 교과

사회

1학년 2학기	**통합 교과 가을 1단원. 내 이웃 이야기**
	(16-17차시) 옛날 사람들은 어디에서 모였을까
	(27-28차시) 옛날 이웃들은 이렇게 지냈어요
	통합 교과 겨울 1단원. 여기는 우리나라
	(15차시) 조상의 지혜가 담긴 우리 집
	(25-27차시) 우리나라를 소개해요
3학년 1학기	**2단원. 우리가 알아보는 고장 이야기**
	(1) 우리 고장의 옛이야기
	(2) 우리 고장의 문화유산
3학년 2학기	**2단원. 시대마다 다른 삶의 모습**
	(1) 옛날과 오늘날의 생활 모습
	(2) 옛날과 오늘날의 세시 풍속
4학년 1학기	**2단원. 우리가 알아보는 지역의 역사**
	(1) 우리 지역의 문화유산
	(2) 우리 지역의 역사적 인물
5학년 2학기	**1단원. 옛사람들의 삶과 문화**
	(3) 민족 문화를 지켜 나간 조선

서울 초등사회교과교육연구회가
「참 쉬운 뚝딱 한국사」 시리즈를 추천합니다.

많은 아이들은 한국사를 전체 역사의 흐름을 이해하지 않고

무조건 외우려고만 하다 보니 지루하거나 따분하다고 생각합니다.

「참 쉬운 뚝딱 한국사」 시리즈는 마치 부모님이 재미있는 옛날이야기를 들려주듯이

역사적 인물과 사건들이 설명되어 있어

역사를 처음 접하는 아이들이 한국사에 흥미를 가질 수 있도록 해 주는 책입니다.

또한 각 장의 첫 부분에 해당 주제의 역사 연표를 보여 주어

전체적인 흐름을 잡도록 도와주고,

본문은 핵심 내용을 기억하기 쉬운 그림과 사진으로 표현하여

어린이 스스로 학습한 내용을 체계화하고, 이해할 수 있도록 구성했습니다.

'단원 정리'에는 초등학교 수준에서 어려운 역사 용어와 유물,

인물 등을 정리하고, 공부한 내용을 확인하는 문제가 수록되어 있어

우리 역사에 흥미를 갖고 기본을 다지는 데 도움이 됩니다.

3권에서는 조선이 세워지는 과정에서부터 병자호란까지의

역사 사실들을 알려 주고, 문화재, 유물들을 소개합니다.

초등학생 눈높이에 맞춰 만들어진

「참 쉬운 뚝딱 한국사」 시리즈를 읽으면서 한국사의 큰 흐름을 스스로 이해하고,

역사에 대한 흥미와 자신감을 가져 보세요!

*서울 초등사회교과교육연구회는 초등학교에서 사회를 가르치는 선생님들이
 사회를 더 재미있게 가르치기 위해 연구하는 모임입니다.

1장
사대부의 나라, 조선이 세워지다

고려는 홍건적과 왜구의 침입으로 나라가 어수선했어요.
관리와 귀족들은 자기들만 잘 살려고 백성들을 괴롭혔고,
무거운 세금에 농사지을 땅까지 빼앗긴 백성들은 굶주림에 시달려야 했지요.
이때 새로운 나라를 세워야 한다고 생각하는 사람들이 나타났어요.
지금부터 고려가 사라지고 새로운 나라 조선이 생기게 된
과정을 차근차근 알아볼까요?

1351년
공민왕, 왕위에 올라
개혁을 시작함.

1350년~1389년
왜구와 홍건적이
고려로 쳐들어옴.

1368년
주원장, 명나라를 세움.

1380년
이성계, 황산 전투에서
왜구를 크게 무찌름.

1383년
정도전, 개혁을 위해
이성계를 만남.

1388년
이성계, 위화도에서 군사를 돌림.

1392년
이성계, 조선을 세움.

1394년
조선, 도읍을 한양으로 옮김.

찢어지게 가난하고 먹고살기 힘든 고려 말의 백성들

공민왕은 고려 말의 왕이에요. 공민왕은 원나라의 간섭에서 벗어나 좀 더 자주적이고 살기 좋은 나라를 만들어 보려고 여러 가지 개혁을 했어요. 하지만 귀족들의 반발로 안타깝게 실패하고 말았지요. 백성들은 부패한 관리와 귀족들의 횡포로 먹을 것이 모자라 풀뿌리나 나무껍질까지 먹으며 비참한 생활을 해야 했어요.

*자주적: 남의 보호를 받지 않고 스스로 해내는 것.

게다가 중국에서 반란을 일으킨 홍건적이 원나라 군사들과
싸우다가 고려까지 넘어와서 백성들을 괴롭혔어요.
고려 말에는 왜구가 해안에서 내륙까지 쳐들어와
백성들의 집을 불태우고 먹을 것을 빼앗고, 죽이기까지 했어요.
이때 고려의 최영 장군과 이성계 장군이
홍건적과 왜구를 연이어 물리치고 승리했어요.
두 장군은 백성들 사이에서 유명해졌어요.

＊홍건적: 머리에 빨간 두건을 쓴 한족 반란군.

 ## 신진 사대부가 등장하다

백성들이 비참하게 사는 모습을 더 이상 두고 볼 수 없다고 생각한
사람들이 나타났어요. 바로 '신진 사대부'라고 불리는 사람들이에요.
그들은 성리학이라는 학문을 공부하고 과거 시험에 합격해서
관리가 된 사람들이었지요.
신진 사대부들은 나라의 근본을 백성이라 여기고,
임금과 신하는 백성을 위해 정치를 잘해서 살기 좋은 나라를
만들어야 한다고 생각했어요.

신진 사대부는 어떤 사람을 가리키는 말인지 소리 내어 읽어 보세요.

정도전과 이성계, 손을 잡다

신진 사대부들은 백성을 위한 세상을 만들고자 노력했지만,
뜻을 이루기에는 자신들의 힘이 약하다는 것을 깨달았어요.
신진 사대부 중에서도 세상을 바꾸겠다는 뜻이 컸던 정도전은
백성들에게 인기가 많았던 이성계를 찾아가 새로운 나라를 세우자고 했어요.
이성계가 홍건적과 왜구를 물리치며 백성들의 신뢰를 얻고 있었거든요.
이성계는 정도전의 뜻을 받아들였고, 두 사람은 힘을 합치게 되었어요.

한편 중국에서는 홍건족의 한 무리가
원나라를 몰아내고 명나라를 세웠어요.
명나라는 고려에게 철령 북쪽의 땅을 내놓으라고 했어요.
예전에 원나라의 땅이었으니 이제 자기네 거라고 하면서요. 하지만 그곳은 공민왕이
원나라로부터 되찾은 어엿한 고려 땅이었어요. 화가 난 고려의 우왕과 최영 장군은
명나라 땅 요동을 정벌하자고 했어요. 하지만 이성계는 명나라와의 전쟁을 반대했어요.

위화도에서 무슨 일이?

결국 이성계는 왕의 명령으로 어쩔 수 없이 군사를 이끌고
요동으로 출발했어요. 이성계는 이 전쟁을 하면 안 된다고 생각했어요.
그래서 그는 압록강 근처 위화도라는 섬에서 군사들을 돌리고
요동에 가는 대신 개경으로 다시 돌아왔어요.
돌아온 이성계는 우왕과 최영 장군을 제거하고 권력을 손에 넣었어요.
이 사건을 위화도 회군이라고 해요.

***위화도 회군**: 위화도에서 군사를 돌려 되돌아 감.

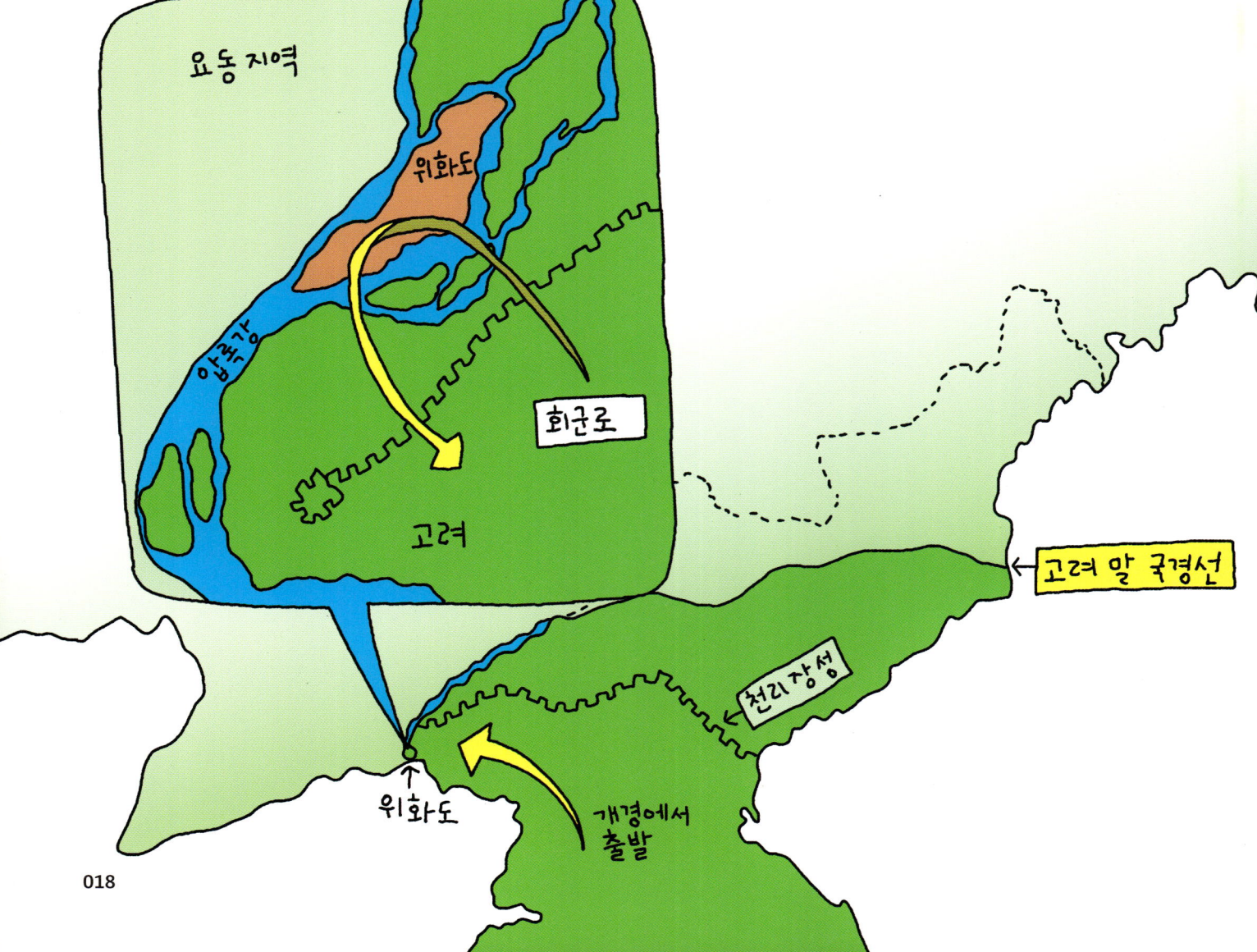

토지 개혁으로 백성의 마음을 얻다

위화도 회군으로 권력을 잡은 정도전과 이성계는
엄청난 세금과 소작료로 고통받았던 백성들을 위해 일했어요.
먼저 귀족들과 절이 가지고 있던 많은 땅을
나라의 땅으로 거두어들이고 땅문서를 불태웠어요.

***소작료**: 농사 지을 땅이 없는 백성이 다른 사람의 땅을 빌려 농사를 지은 후, 땅의 주인에게 내는 사용료.

거두어들인 땅은 백성들이 세금을 조금 내고 농사를 지을 수 있게 했어요.
이성계는 과전법을 실시하여 관리의 등급에 따라
그 땅에서 세금을 받을 수 있는 권리를 나눠 주었는데,
이것을 과전법이라고 해요. 그 후 백성들의 생활이 조금씩 나아져 갔어요.

과전법의 뜻을 찾아 소리 내어 읽어 보세요.

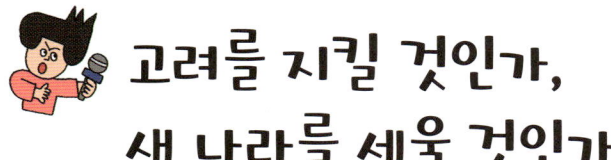

고려를 지킬 것인가, 새 나라를 세울 것인가?

정몽주와 정도전 같은 신진 사대부들과 이성계는
새로운 세상을 꿈꾸며 고려를 바꾸고 싶었어요.
그런데 세상을 바꾸려는 방식이 서로 달랐어요.

정몽주를 중심으로 한 온건파는 고려를 그대로 두고
여러 가지 제도를 바꾸자고 주장했어요.
정도전을 중심으로 하는 급진파는 고려를 무너뜨리고,
새로운 나라를 세우자고 주장했어요.

그림을 보고 급진파와 온건파를 찾아보고, 각자 주장하는 내용을 말해 보세요.

이 몸이 죽고 죽어 일백 번 고쳐 죽어

급진파와 온건파 신진 사대부들이 서로의 생각을 굽히지 않자, 이성계의 아들, 이방원이 정몽주를 만났어요. 이방원은 정몽주에게 고려를 무너뜨리고 새 나라를 함께 세우자고 설득하기 위해 「하여가」라는 시를 지어 들려주었어요.
"이런들 어떠하며 저런들 어떠하리/ 만수산 드렁칡이 얽어진들 어떠하리/ 우리도 이같이 얽어져 백 년까지 누리리."

* **드렁칡**: 얽혀서 자란 칡덩굴.

→ 선죽교

정몽주는 「단심가」라는 시를 써서
고려를 계속 이어 나가야 한다는 자신의 생각을 드러냈어요.
"이 몸이 죽고 죽어 일백 번 고쳐 죽어/ 백골이 진토 되어
넋이라도 있고 없고/ 임 향한 일편단심이야 가실 줄이 있으랴."
이방원은 정몽주의 생각을 바꿀 수 없다는 것을 알고,
결국 부하를 시켜 선죽교 다리 위에서 정몽주를 죽였어요.
1392년 7월, 이성계는 새 나라를 세워 왕이 되었어요.

＊**백골이 진토 되어**: 죽은 사람의 뼈가 오랜 시간이 지나 흙과 먼지로 변함.
＊**일편단심**: 한 조각의 붉은 마음으로, 변하지 않는 충성심.

이방원이 정몽주에게 새 나라를 함께 세우자며
들려준 시의 제목을 찾아 동그라미 해 보세요.

 고조선의 후예, 조선

이성계는 새 나라를 세우고,
나라의 이름을 다시 지었어요.
단군이 세운 우리 민족의 첫 국가인
고조선의 이름을 이어받는다는 의미로
'조선'이라고 정했어요.
조선은 고조선의 긴 역사를 잇는 나라이고,
하늘의 후손이라는 자부심을 드러내는 이름이에요.

 한양에 살으리랏다

새로운 나라 조선은 고려의 흔적이 남아 있는 개경을 떠나,
한양으로 도읍을 옮겼어요. 한양은 산으로 둘러싸여 적이 쳐들어와도
지키기 쉽고, 나라의 가운데에 위치하고 있어서 백성들을 다스리기 좋았어요.
한강을 뱃길로 이용할 수 있으니 세금으로 거둔 곡식과
물자를 옮기기에 쉬웠어요. 한강이 바다로 이어져 중국과도 왕래가 편했지요.
게다가 개경에 비해 날씨가 따뜻하고 넓은 평야에 물이 풍부해
농사짓기에 적당해서 사람들이 살기에 좋은 곳이었어요.
한양은 나중에 한성으로 이름이 바뀌었어요.

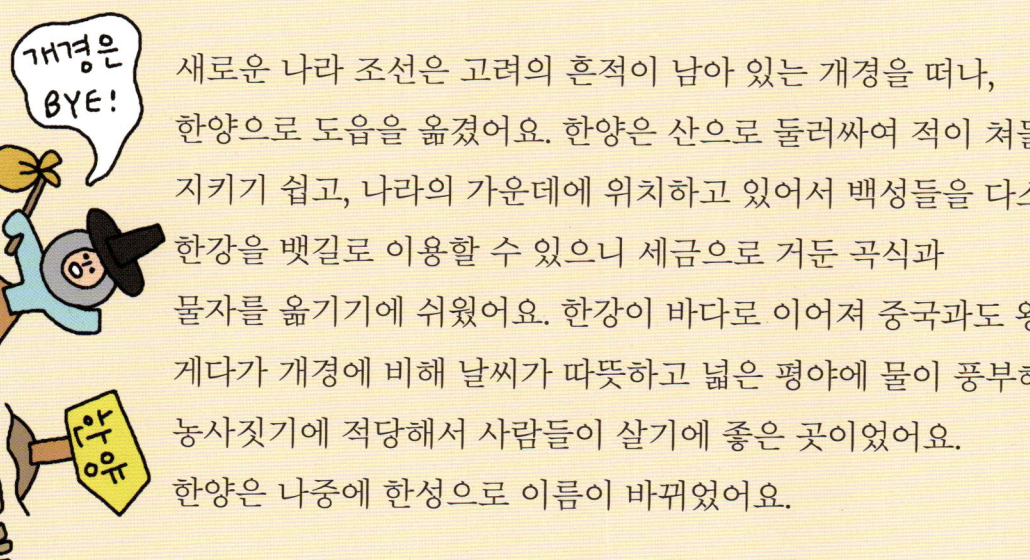

수도를 한양으로 정한 이유는 무엇일까요?

# 종묘와 사직을 지었어요

나라의 중요한 건물들을 한양의 어느 곳에 세울지 계획하는 일도
정도전이 맡았어요. 정도전은 유교 정신을 바탕으로
생각하고 설계했어요. 가장 먼저 궁궐을 지을 터를
지금의 광화문 근처에 잡았어요. 그리고
궁궐을 짓기에 앞서 궁궐 왼쪽 자리에
왕의 조상들에게 제사를 지내는 종묘부터 세웠어요.
그다음에 땅과 곡식의 신에게 제사를 지내는
사직단을 궁궐의 오른쪽에 지었어요.

그림에서 광화문, 사직, 종묘, 숭례문을 찾아보세요.

# 경복궁과 여러 건물을 지었어요

정도전은 종묘와 사직단이 다 지어진 다음에 궁궐을 지었어요.
궁궐의 이름은 조선이 백성과 함께 오래오래 큰 복을 누리라는
의미를 담아서 경복궁이라고 지었어요.
궁 안의 중요한 건물들에도 유교의 정신을 담아 이름을 붙였어요.
왕의 즉위식과 중요한 의식을 치르는 근정전,
임금이 평상시에 신하들과 나랏일을 하는 사정전 등이 있어요.

글이나 그림을 보고 경복궁, 근정전, 교태전, 사정전, 강녕전의 뜻을 찾아 읽어 보세요.

원래 '사정문'이라고 이름 지었지만, 훗날 '광화문'이 되었지.

광화문

새롭게 태어난 나라의 중심, 한양

궁궐과 도읍을 지킬 수 있도록 한양을 둘러싼
네 개의 산을 연결하는 성도 쌓았어요.
성의 동서남북에 문을 만들어 사람들이 드나들 수 있게 했어요.
경복궁 앞에는 나랏일을 보는 중요한 관청들을 세우고,
그 앞거리에서 장사를 할 수 있게 하였지요.
이렇게 한양은 나라의 중심 도시로 모습을 갖추기 시작했어요.

 주사위와 말을 이용해 게임을 하면서 사대문의 이름을 확인해 보세요.

단원 정리

알다 — 역사 용어

☑ **신진 사대부**
성리학을 공부하고 과거 시험에 합격해 관리가 된 사람들.

☑ **성리학**
유학의 한 분야로, 인간의 마음과 우주의 원리를 연구하는 학문. 유교 또는 신유학이라고 함.

☑ **종묘**
돌아가신 조선의 왕과 왕비들에게 제사를 지내는 곳.

☑ **사직단**
토지의 신 '사'와 곡식의 신 '직'을 아울러 이르는 말.

만나다 — 역사 인물

공민왕
고려의 제31대 왕.
고려 말에 나라를 바로 세우기 위해 개혁을 하려고 노력했으나 실패함.

정몽주
고려 말의 충신. 신진 사대부였으나 고려를 개혁해서 바로잡자고 주장하다가 반대하는 급진파 신진 사대부들에게 죽임을 당함.

정도전
이성계와 함께 조선을 건국한 신진 사대부.

이성계
고려 말, 홍건적과 왜군을 물리친 장군. 위화도 회군을 하여 조선을 세움.

궁금하다! — 역사 생각

조선 시대에 각 도의 이름은 어떻게 정했을까?

전국을 여덟 개의 구역으로 나누고, 각 도의 이름은 대표 고을 두 개의 첫 글자를 따서 지었어요. 단, 경기도만 도읍을 뜻하는 '경'과 그 중심으로부터 사방 500리 안의 땅을 뜻하는 '기'를 합쳐 만들었어요. 각 도의 이름에 들어 있는 대표 고을을 함께 알아볼까요?

① **함경도** '함흥'과 '경성'의 첫 글자.
② **평안도** '평양'과 '안주'의 첫 글자.
③ **황해도** '황주'와 '해주'의 첫 글자.
④ **강원도** '강릉'과 '원주'의 첫 글자.
⑤ **충청도** '충주'와 '청주'의 첫 글자.
⑥ **경상도** '경주'와 '상주'의 첫 글자.
⑦ **전라도** '전주'와 '나주'의 첫 글자.

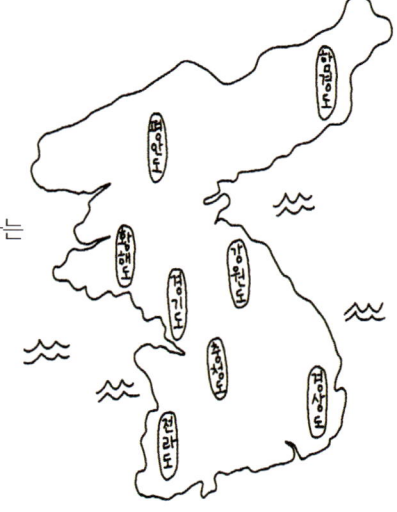

가다 역사 장소

선죽교 고려 말 충신 정몽주가 아픈 이성계를 찾아갔다가 돌아올 때 이성계의 아들 이방원이 보낸 사람들에게 죽임을 당한 다리. 북한 개성에 있음.

종묘 유네스코 세계 문화 유산으로 지정된 종묘는 돌아가신 조선의 왕과 왕비들에게 제사를 지내는 곳. 왕들이 조상들에게 효를 실천하는 모습을 백성들에게 보여 줌.

한양 도성과 사대문 조선이 건국되고, 한양을 지키기 위해 한양 주위를 둘러싸며 만든 성과 대문. 사대문은 그 성 안을 드나들 수 있도록 동, 서, 남, 북에 만든 문으로, 각각 흥인지문, 돈의문, 숭례문, 숙정문이라고 부름.

사직단 종묘와 함께 토지신과 곡물신에게 제사를 지내던 제단. 이곳에서 농사가 잘 되게 해 달라고 빌었음.

확인하기

01 다음은 조선이 세워지는 과정이에요. <보기>에서 찾아 빈칸에 쓰세요.

보기 ① 귀주 대첩 ② 위화도 ③ 공민왕의 개혁 ④ 팔만대장경 완성

신진 사대부 등장 → ( ) 회군 → 정몽주가 선죽교에서 죽음 → 조선 건국 → 한양으로 도읍을 옮김

02 다음 설명을 읽고 무엇을 의미하는지 동그라미 안에 쓰세요.

성리학이라는 학문을 공부하고 과거 시험에 합격해서 관리가 되어, 나라의 근본을 백성이라고 생각하고, 임금과 신하는 백성을 위해 정치를 잘해서 살기 좋은 나라를 만들어야 한다고 생각하는 사람들. 대표적인 인물로는 정몽주, 정도전 등이 있어요.

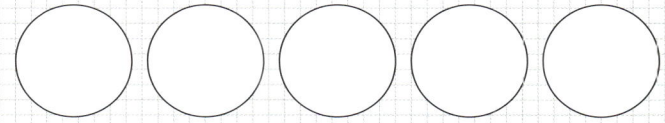

2장
백성을 위한 나라를 만들라

조선의 세 번째 왕, 태종은 강력한 왕의 힘으로 나라의 기틀을 단단히 닦았어요.
그 바탕 위에 다음 왕이 된 세종은 백성들이 살기 좋은 나라를 만들기 위해 힘썼어요.
우선 제도를 정비하고 농사짓는 법을 연구하고 나라의 영토도 넓혔어요.
뛰어난 인재를 뽑아 나라의 중요한 일을 연구하고 과학 기구도 많이 만들게 했어요.
그 덕분에 문화와 과학이 발달하고 조선은 최고의 전성기를 맞이했어요.
또한 오랜 연구와 노력으로 위대한 우리 글자 훈민정음을 창제했어요.
세종이 이 많은 업적들을 어떻게 이루었는지, 누구와 함께 했는지 좀 더 알아보기로 해요.

1398년 이방원, 제1차 왕자의 난을 일으킴.

1400년 이방원, 조선 제3대 왕 태종이 됨.

1413년 태종, 호패법을 실시함.

1418년 세종, 왕위에 오름.

1419년 이종무, 대마도를 정벌함.

1420년 세종, 집현전을 설치함.

1429년 세종, 『농사직설』을 편찬하게 함.

1433년 ~ 1434년

최윤덕과 김종서, 4군 6진을 개척함.

1434년

장영실, 자격루를 만듦.

1446년

세종, 훈민정음을 반포함.

 이방원, 내가 조선의 왕이다!

조선 왕실은 도읍이 정해지고 나라의 틀도 조금씩 갖춰지던 때,
조선의 1대 왕 태조 이성계의 뒤를 이어 다음 왕이 될 세자를 정해야 했어요.
이성계는 두 부인과의 사이에서 아들 여덟 명을 두고 있었어요.
다섯째 아들인 방원은 조선 건국을 위해 아버지를 도와 큰 공을 세웠기에
자신이 세자가 되기를 기대하고 있었어요. 하지만 이성계는
정도전을 비롯한 신하들과 상의하여 막내아들 방석을 세자로 책봉했어요.

***책봉**: 왕세자, 왕세손, 왕후 같은 지위나 벼슬을 내리는 것.

조선을 세우는 데 아무런 공이 없는 방석이 형들을 제치고 세자가 되자 이방원은 너무나 화가 났어요. 결국 그는 방석을 세자로 추천한 정도전, 계모 신덕 왕후가 낳은 방번과 방석을 죽였어요. 그러고는 둘째 형인 방과를 세자로 세워 조선의 2대 왕 정종으로 만들었어요.
그로부터 2년 뒤 이방원은 자신이 조선의 세 번째 왕이 되었어요.
이방원이 바로 태종이에요.

 ## 태종이 왕권을 강화하다

왕이 된 태종은 나라의 기틀을 바로잡고 왕권을 단단히 다졌어요.
나라를 안정시키기 위한 여러 가지 제도도 만들었어요.
전국을 8도로 나누고 각 도에 관리와 수령을 보내서 왕의 명령이
온 나라에 전달될 수 있게 했어요. 그리고 인구를 헤아리고
세금을 걷는 근거로 삼기 위한 호패법을 만들었어요.
신분증인 호패를 16세 이상의 남자들이 가지고 다니게 했지요.
또 나라의 중요한 일을 맡은 육조에서 왕에게 직접 보고하게 했어요.
이런 제도들 덕분에 나라가 점차 안정되었어요.

***육조**: 조선 시대 때 나라의 일을 나누어 맡아보던 6개의 기관.

✂ 자기만의 신분증을 만들어 보세요. (앞면에 이름과 태어난 해를 적고 뒷면에 호패를 만든 연도를 쓰세요.)

왕권 강화!

오늘의 임금님 말씀
조선은
~~내~~ 왕의 나라다!

← 태종 이방원

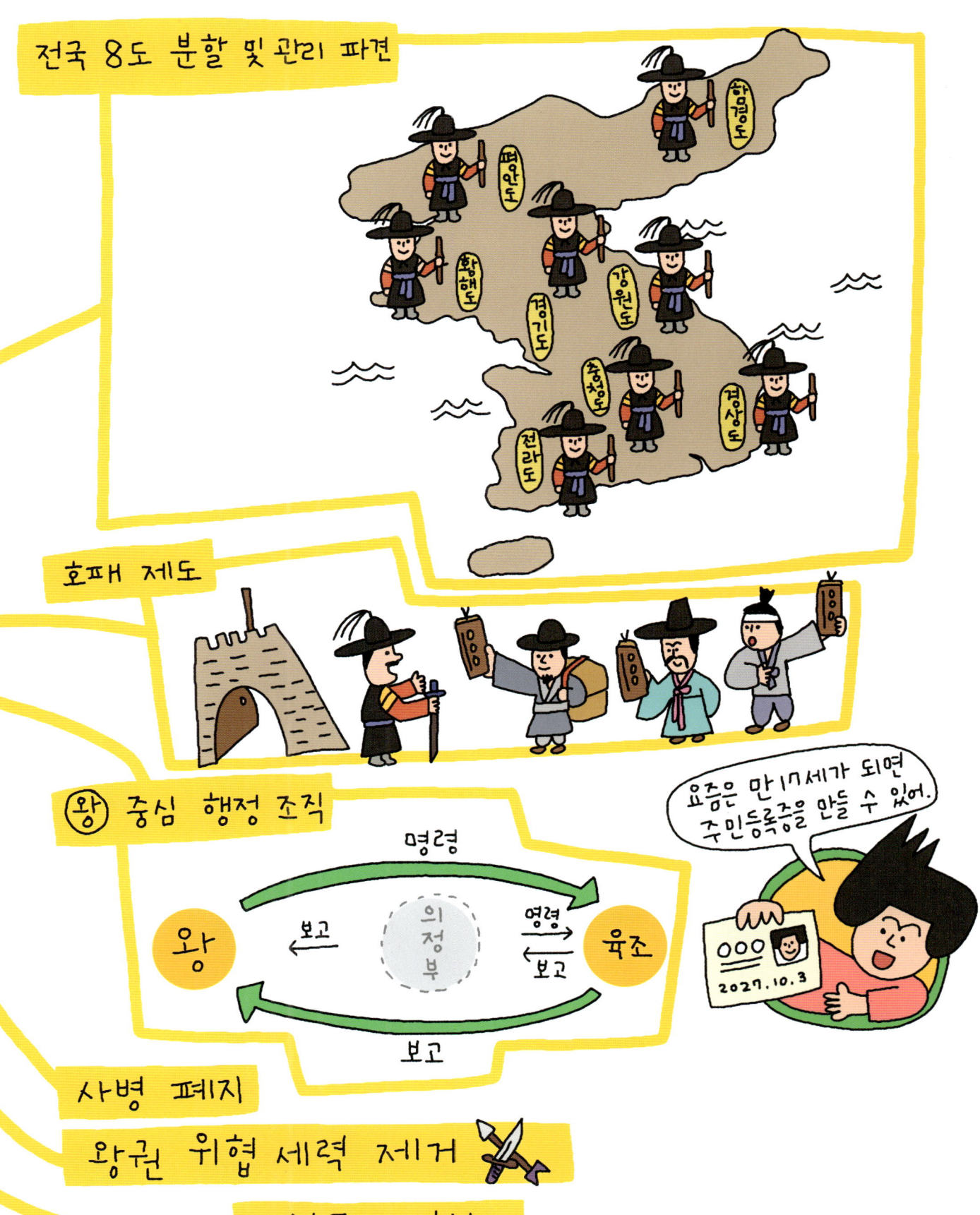

세종, 셋째 아들에서 왕이 되다

태종은 다섯째 아들이면서 왕이 되기 위해 동생들을 죽이는 비극을 벌였어요.
하지만 자신은 반드시 큰아들에게 왕위를 물려주고 싶었어요.
그래서 첫째 아들인 양녕 대군을 세자로 삼았지요.
하지만 세자는 왕이 될 준비가 되어 있지 않았어요.
늘 말썽을 부리고 공부보다 놀기를 더 좋아했어요.
신하들은 태종에게 양녕 대군이 왕이 되기에는 부족하다고 말했어요.
결국 태종은 양녕 대군을 세자의 자리에서 쫓아냈어요.
태종은 왕자들 중에서 가장 똑똑하고 성격이 좋은 셋째 아들 충녕 대군을
새로운 세자로 책봉했어요. 충녕 대군은 세자가 된 지 두 달 만에 왕이 되었어요.
그가 바로 조선 최고의 성군인 세종이에요!

세종은 책읽기를 좋아했대요.
최근 읽었던 책 중에서 가장 재미있는 책 제목을 떠올려 보세요.

조선의 인재가 다 모인 곳, 집현전

세종은 학문을 사랑하고 인재를 소중히 여겼어요.
나라와 백성을 위해 좋은 정치를 하려면 인재를 기르고 학문을
발전시켜야 한다고 생각했어요. 황희와 맹사성 같이 능력 있고
일 잘하는 훌륭한 신하들과 함께 나랏일을 해 나갔지요.
또한 궁궐 안에 집현전을 만들어 학자들을 가까이에 두었어요.
그 덕분에 정인지, 성삼문, 박팽년, 신숙주 같은
훌륭한 학자들이 집현전에서 백성을 위한 좋은 제도를 연구하고
나라에 필요한 여러 종류의 책도 만들었어요.

✎ 집현전은 무엇을 하는 곳이었는지 찾아 밑줄을 그어 보세요.

과학 기술과 문화의 눈부신 발전

세종은 백성들을 위해 농사와 생활에 필요한 기구들을 만들기로 했어요. 세종은 장영실이 과학 기술 분야의 뛰어난 인재임을 알아보고 천문 기구를 만드는 중요한 일을 맡겼어요. 장영실의 천민 신분을 이유로 반대하는 신하들이 있었지만 신경 쓰지 않았어요. 장영실은 해의 그림자로 시간과 절기를 알려 주는 해시계인 앙부일구를 만들었어요.

*절기: 일 년을 15일 간격으로 24개로 나눠 계절을 구분한 것.

또한 정확한 시간을 알 수 있는 자격루를 만들었어요.
자격루는 물이 흘러서 얼마 동안 일정한 양이 차오르면
저절로 종과 북을 쳐서 자동으로 시간을 알 수 있는 물시계예요.
하늘에 뜬 해와 달과 별의 움직임을 관찰할 수 있는 혼천의도 만들었어요.
혼천의의 관측 결과를 바탕으로 이순지와 김담은
조선의 달력인 칠정산을 만들었어요.
세종 때 만든 조선 최고의 금속활자인 갑인자 덕분에
인쇄술과 문화도 크게 발전했어요.

장영실이 만든 과학 기구의 이름을 말해 보세요.

농사법도 알려 주고, 악기도 만들고

세종은 백성이 농사일을 잘할 수 있도록 돕고자 경험 많은 농부들의 지혜를 두루 모아 책으로 엮었어요. 조선 땅과 날씨에 맞는 농사법을 알려 주는 『농사직설』이에요. 하지만 『농사직설』은 어려운 한자로 쓰여 있어서 백성들이 읽을 수가 없었어요. 한자를 모르는 백성들의 어려움을 알게 된 세종은 읽고 쓰기 쉬운 글자를 만들어야겠다고 생각했어요.

세종 대왕이 『농사직설』을 만든 이유를 찾아 소리 내어 읽어 보세요.

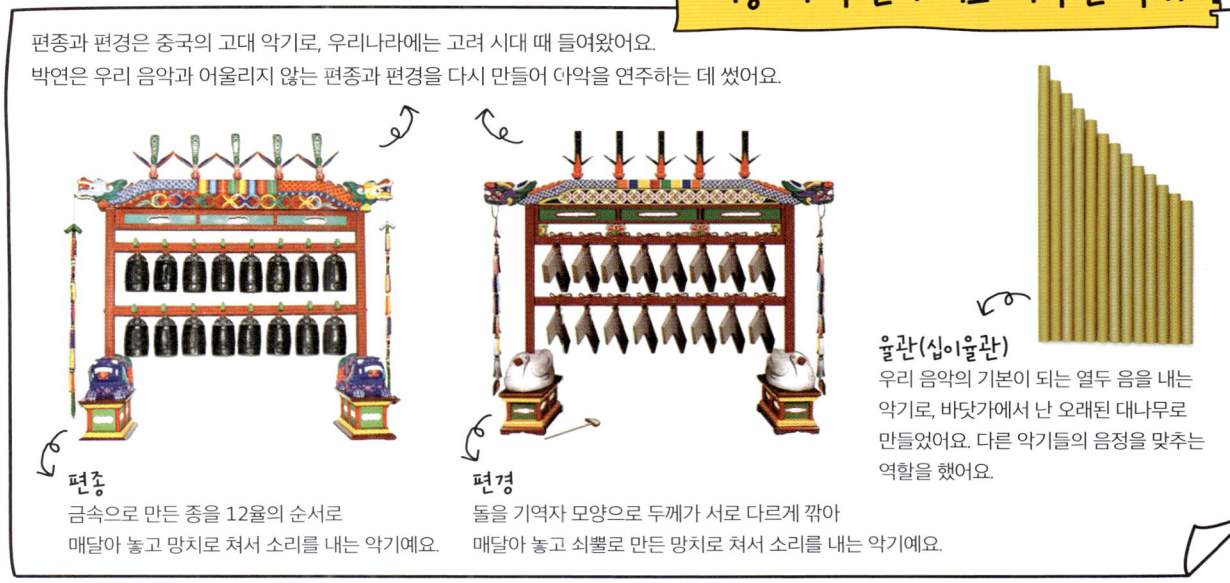

세종은 음을 구별해 내는 능력이 아주 뛰어났어요. 박연이 만든 편경을 처음으로 연주하는 날, 조금 두껍게 만들어져 소리가 잘못 난 음을 찾아낼 정도였어요. 세종은 음악에 관심이 많아서 소리의 길이와 높이를 정확하게 표시하기 위해 「정간보」라는 악보를 개발하고, 박연에게 우리 전통 음악인 아악을 정리하게 했어요. 그 후부터 궁중 행사에서 중국 음악인 당악 대신에 아악을 연주할 수 있게 됐지요.

여진족과 왜구를 몰아내라!

조선의 북쪽으로 두만강 근처와 압록강 근처에는 여진족이 살았고, 동쪽 대마도에는 일본 해적인 왜구들이 살았어요. 여진족과 왜구들은 자주 국경을 넘어와 조선 백성들을 괴롭히고 재물을 약탈했어요.

세종은 이종무를 보내 대마도의 왜구들을 물리치고, 김종서와 최윤덕을 보내 여진족을 몰아내게 했어요. 덕분에 북쪽 국경이 두만강과 압록강까지 넓어졌어요. 오늘날 남북한의 영토를 합친 한반도의 국경선은 세종이 다스리던 시대에 완성된 거예요.

# 드디어 우리 글자가 생기다

대부분의 백성들은 한자를 몰라서 나라에서 알리는 정보를 읽을 수 없었어요.
또 읽고 쓰지 못해서 억울한 일을 당할 때도 많았어요.
글을 읽고 쓰지 못하는 백성들을 매우 안타깝게 생각한 세종이
배우기 쉽고 사용하기 편한 글자, 훈민정음을 만들었어요.
훈민정음은 '백성을 가르치는 바른 소리'라는 뜻이에요.
자음과 모음을 조합해서 글자가 이루어지지요. 모음은 하늘, 땅, 사람의 원리를
이용해서 만들었고, 자음은 혀, 입술, 목구멍의 모양을 본떠서 만들었어요.
교육을 받지 못한 백성들이나 여자들도 쉽게 배울 수 있었어요.

훈민정음의 뜻을 찾아 밑줄을 긋고 소리 내어 읽어 보세요.

하지만 신하들은 훈민정음 반포를 반대했어요.
한자가 있는데 다른 문자를 쓰면 혼란스러워지고, 백성이 글을 알아서
똑똑해지면 골치 아픈 일이 많이 생긴다고 생각했기 때문이에요.
이렇게 양반들에게는 환영받지 못했지만,
백성들과 여자들에게는 글을 읽고 자기 생각을 표현하는 좋은 수단이 되었어요.
오늘날 우리는 어려운 한자 대신에 한글을 사용해요.
한글은 배우기 쉽고 과학적인 글자로써
그 우수성을 세계에서 인정받고 있어요.

*반포: 세상에 널리 퍼뜨려 모두 알게 함.

단원 정리

 알다 — 역사 용어

 역사 인물 만나다

✓ 호패법
조선 시대 신분증으로, 16세 이상 남자들이 가지고 다녔음. 인구를 파악하고 세금을 내게 하기 위해 만들어짐.

✓ 집현전
세종 때 조선 최고의 인재들이 모인 학문 연구 기관. 고려에도 집현전은 있었으나, 조선 세종 때부터 제대로 운영되다가 세조 때 폐지됨.

✓ 아악과 당악
당악: 중국에서 들어온 음악
아악: 우리나라 궁중 의식에서 연주하던 음악

✓ 사가독서제
똑똑한 관리들에게 1년간 휴가를 주어 일하지 않고 월급을 받으며 독서에 전념하게 한 제도로, 세종 때 시작됨.

✓ 훈민정음
세종이 만든 우리 글자. 백성을 가르치는 바른 소리라는 뜻. 자모는 모두 28자였는데, 지금은 ㅿ, ㆁ, ㆆ, · 가 없어지고, 24개 글자를 쓰고 있음.

이방원
태조 이성계의 다섯째 아들. 조선의 건국을 반대하는 정몽주를 사람을 시켜 죽이고, 조선 건국 후엔 자신의 공이 크다고 생각해 왕자의 난을 일으켜, 조선의 세 번째 왕, 태종이 됨.

세종 대왕
조선 최고의 성군. 백성을 위해 여러 제도와 국방을 튼튼히 하고 과학, 예술과 문화를 크게 발전시키고 훈민정음까지 창제한 조선의 4대 왕.

장영실
천민이라는 신분에도 불구하고 능력이 뛰어나, 앙부일구, 혼천의, 자격루 등 많은 과학 기구를 만들었음.

김종서
세종 때 두만강 주변의 여진족을 물리치고 6진의 영토를 개척하여 오늘날 한반도의 국경선을 만든 장군.

최윤덕
세종 때 압록강 주변의 여진족을 물리치고 4군의 영토를 개척하여 김종서와 함께 오늘날 한반도의 국경선을 만든 장군.

궁금하다! 역사 생각

왕을 일컫는 여러 가지 호칭은 어떻게 다를까요?

휘 왕의 이름. 잘 쓰이지 않는 글자를 골라 대부분 한 글자로 지었어요. 왜냐하면 왕의 이름은 함부로 부르거나 쓸 수 없었기 때문이에요. 예를 들어 세종은 본명이 '이도'였으나, 아무도 그 이름을 함부로 부를 수 없었지요.

시호 왕이나 나라에 공이 있는 사람이 죽으면 그 공덕을 칭송해서 올리거나 내리는 존칭이에요. 예) 세종: 장헌영문예무인성명효대왕, 이순신: 충무공

묘호 임금이 죽은 뒤 종묘에 신위를 모실 때 드리는 존호. 보통 임금의 업적을 기려 붙이는 이름인데, 후대에 바뀌는 경우도 있어요. 예) 태조, 세종, 정조

왕의 호칭에서 조, 종, 군은 어떤 차이가 있을까요?

조 나라를 세웠거나 변란에서 나라와 백성을 구한 왕. 예) 태조, 세조

종 왕위를 정통으로 이었으며 덕으로 나라를 다스리고 융성하게 한 왕. 예) 세종, 성종 등

군 반정에 의해 폐위된 왕. 예) 연산군, 광해군

확인하기

01 다음 중 세종 대왕 때 일어난 일에 O, 아닌 것에 X를 하세요.

① 훈민정음을 만들었다. (   ) ② 호패법을 실시했다. (   )
③ 『농사직설』을 펴냈다. (   ) ④ 압록강과 두만강까지 우리나라 땅을 넓혔다. (   )
⑤ 사가독서제를 실시했다. (   )

02 다음 과학 기구의 이름과 사진을 알맞게 연결하세요.

혼천의   양부일구   자격루   측우기

①  해시계

②  비의 양 측정

③ 물시계

④  해, 달, 별 움직임 관측 기구

풀이) 01 ①-O, ②-X, ③-O, ④-O, ⑤-O 02 혼천의-④, 앙부일구-①, 자격루-③, 측우기-②

3장
법으로 다스려라!

태평성대였던 세종의 시대가 끝나고 단종이 왕이 되자 왕권이 약해졌어요.
그 후 왕위를 차지한 세조는 왕권 강화를 위해 각종 제도를 만들었어요.
조선 최고의 법전인 『경국대전』은 세조 때 만들기 시작해서
성종 때 완성되었지요. 연산군, 중종, 명종이 다스린 시대에는
사림파가 관리로 많이 등용되었어요.
이들과 훈구파 신하들이 대립하여 정치가 혼란해졌어요.
어떤 일이 있었는지 함께 알아볼까요?

내가 익선관을 썼다면, 어떻게 되었을까?

1452년
단종,
12세의 나이로 왕위에 오름.

1455년
수양 대군,
조선의 제7대 왕 세조가 됨.

1485년
성종,
『경국대전』을 완성함.

1469년
성종,
왕위에 오름.

1456년
사육신,
단종 복위 운동에 실패함.

1494년
연산군, 왕위에 오름.

1504년
연산군, 갑자사화를 일으켜
많은 사림을 죽임.

1506년
중종, 왕위에 오름.

1519년
중종, 기묘사화로 조광조 등 많은 사림들을 죽임.

1545년
명종, 왕위에 오름.

1567년
명종의 조카 하성군, 조선의 제14대 왕 선조가 됨.

열두 살에 왕이 된 소년, 단종

세종이 세상을 떠나고, 큰아들 문종이 다음 왕이 되었어요.
하지만 문종은 몸이 약해서 얼마 지나지 않아 세상을 떠났어요.
문종의 어린 아들인 세자가 열두 살에 왕이 되었어요. 바로 단종이에요.
단종은 왕이 되었을 때 할머니, 어머니까지 이미 돌아가신 뒤여서
아무데도 의지할 데 없는 고아나 마찬가지였어요.

세종의 뒤를 이은 왕은 누구일까요?
세종 → (   ) → 단종

세종과 문종은 살아생전에 믿을 만한 신하들에게 어린 단종을
잘 보살펴 달라고 부탁해 두었어요.
하지만 단종의 삼촌인 수양 대군은 자신이 왕이 되고 싶었어요.
그는 세종과 문종에게 어린 단종을 잘 보살펴 달라고 부탁받은 김종서, 황보인 같은
신하들이 자기들 마음대로 나라를 다스리려고 하는 것 같아 불만이었어요.

 수양 대군, 왕의 자리를 차지하다!

왕이 되고 싶은 수양 대군은 결국 단종을 돌보고 있던 김종서, 황보인 같은 신하들을 죽이고 권력을 차지했어요. 이 사건이 바로 계유정난이에요.
수양 대군은 한명회와 함께 어린 조카인 단종을 협박하여 왕위를 자신에게 넘기도록 만들었어요. 어리고 힘없는 단종은 왕위를 빼앗겨 상왕이 되었고, 수양 대군은 왕의 자리를 차지하여 세조가 되었어요.
한편 조카에게 왕위를 빼앗은 세조에게 불만을 가진 사람들이 있었어요. 성삼문, 박팽년 등 집현전 학자들이 세조를 몰아내고 단종이 다시 왕이 되게 하려는 계획을 세웠어요. 하지만 이 단종 복위 운동은 성공하지 못했어요.

***상왕**: 다른 사람에게 왕의 자리를 물려 준 왕을 부르는 말.
***복위**: 왕위에서 쫓겨났던 왕이 다시 왕의 자리에 오르는 것.

세조는 또 다시 이런 일이 생길까 봐 불안했어요. 그래서 상왕이 된 단종을
끌어내려 노산군이라 하고 강원도 영월의 골짜기로 유배를 보냈어요.
단종 편에 섰던 여섯 명의 집현전 학자들과 많은 사람들은 죽임을 당했어요.
얼마 지나지 않아 단종의 또 다른 삼촌인 금성 대군이
단종 복위 운동을 벌이려다 들통이 났어요.
이 일로 세조는 단종에게 사약을 내렸어요.
결국 단종은 열일곱 살에 세상을 떠났어요.

 강한 나라, 강한 임금 세조

왕이 된 세조는 자신이 왕위에 오를 수 있도록 도와준 훈구파 관리들에게
보답했어요. 공신에 책봉하고 많은 땅과 노비를 주는 등
특별하게 대우했지요. 단, 신하들의 힘이 너무 커져서
왕과 나라의 일을 함부로 하지 못하도록 왕권을 강화했어요.
태종이 했던 것처럼 중요한 나랏일은 왕에게 직접 보고하고
결정하도록 했어요. 세조를 반대하며 단종의 복위 운동에 참여했던
신하들의 일터였던 집현전은 없애 버렸어요.

* **훈구파**: 세조가 왕위를 빼앗을 때 공을 세운 관리들.
* **공신**: 나라에 특별한 공을 세운 신하.

한편 조선 초부터 과전법에 따라 관리들에게 수조지를 나누어 주었는데,
관리의 수가 점점 늘어나자 나눠 줄 땅이 부족했어요.
그래서 세조는 법을 고쳐 일하는 관리에게만 땅을 주고
퇴직한 관리에게는 주지 않기로 했어요.
덕분에 나라의 재정이 튼튼해졌어요.
여러 법을 모아서 나라를 다스리는 데 기본이 되는
조선 최고의 법전인 『경국대전』을 만들도록 했어요.

* **수조지**: 나라에서 관리들에게 나눠 준, 백성들로부터 세금을 받을 수 있는 땅.
* **재정**: 나라의 경제 활동을 위해 거두어들이고 쓰는 돈.

# 조선의 법과 제도를 완성한 성종

세조는 원하던 왕위를 차지했지만 행복하지만은 않았어요.
세조의 큰아들인 의경 세자가 스무 살에 죽고
세조가 왕위를 물려준 둘째 아들 예종마저 갑자기 죽었어요.
예종의 뒤를 이어야 할 아들은 겨우 네 살이어서
왕이 되기에는 너무 어렸어요. 그래서 의경 세자의 둘째 아들이자
예종의 조카가 열세 살의 나이로 조선의 9대 왕, 성종이 되었어요.
성종 역시 나이가 어려서 할머니인 정희 왕후가 나랏일을 도와주었어요.
그동안 성종은 좋은 왕이 되기 위해 열심히 공부했어요.
성인이 된 성종은 할머니의 도움 없이 나라를 잘 이끌기 시작했어요.

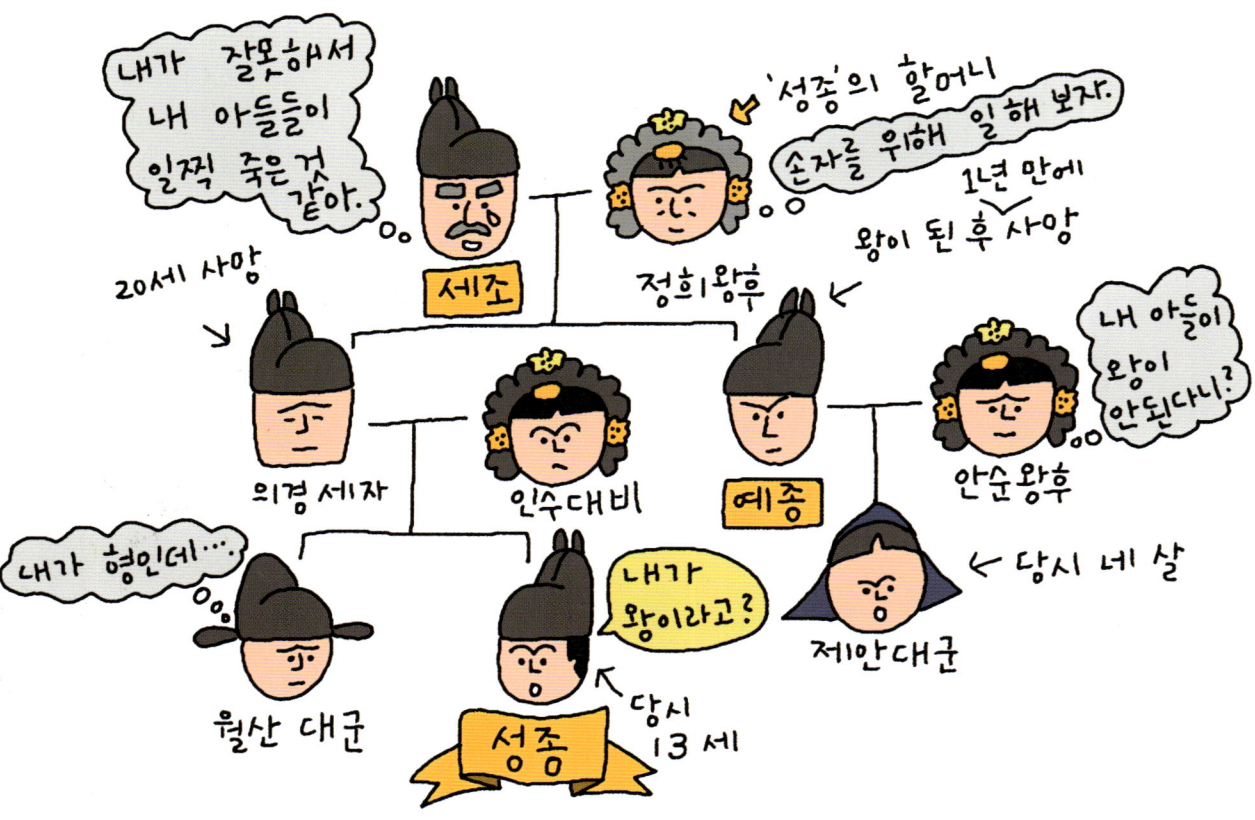

성종은 세조가 없애 버린 집현전과 비슷한 일을 하는 홍문관을 세웠고,
나라를 다스리는 데 필요한 지리, 음악, 역사, 예법에 관한 책도 만들었어요.
『동국여지승람』,『악학궤범』,『동국통감』,『국조오례의』같은 책을 펴냈어요.
세조 때 시작한 법전인『경국대전』도 성종 때 완성하여 널리 퍼뜨렸어요.
조선의 여러 가지 법과 제도가 이때 완성되었어요.

조선의 으뜸 법전, 『경국대전』

『경국대전』은 조선 통치의 기준이 되는 법전으로, 나라를 공평하고 올바르게 다스리기 위해서 만들었어요. 법이 없어서 같은 죄를 지어도 관리 마음대로 죄의 크기가 달라지는 등 여러 가지 문제가 생겼거든요.
『경국대전』에는 정치, 경제, 사회, 문화 등 모든 분야에 대한 기준이 담겨 있어 백성의 일상생활과도 아주 관련이 깊었어요. 결혼하는 나이, 군대 문제, 세금 문제, 노비의 출산 휴가 등을 법에 따라 다스리고자 했어요.

사림파, 등장이요!

성종은 백성을 위해 나라를 잘 다스렸어요. 그런데 할아버지 세조를
도왔던 훈구파 신하들의 힘이 너무 강해서 신경이 쓰였어요.
그래서 그는 훈구파에 맞서 자기편이 되어 줄 신하들을 모으기로 했어요.
조선 초기의 정몽주 같은 온건파 신진 사대부들의 뜻과 학문을 이어받고
관직보다는 지방에서 조용히 제자를 기르며 학문에 힘쓰던 사람들을
관리로 임명하기 시작했어요. 이들을 사림파라고 해요.
성종은 사림파에게 힘을 실어 주었고 사림파들은
임금과 때때로 경연도 하면서 나랏일에 참여하기 시작했어요.
사림파는 성리학의 가르침대로 나랏일에 힘쓰면서,
훈구파의 잘못을 비판하고 그들에게 대항하며 힘을 길렀어요.

***경연**: 임금이 나라를 잘 다스리기 위해 신하들과 함께 토론하며 공부하는 것.

✎ 어떤 사람을 사림파라고 하는지 본문에서 찾아 밑줄 그어 보세요.

슬기로운 士林(사림) 탐구생활

 왕이 된 연산군이 흥청망청

조선의 왕 중에는 호칭이 '조'나 '종'이 아닌 '군'으로 기록된 왕들이 있어요.
이름이 '군'으로 끝나는 왕들은 신하들에게 쫓겨난 왕들이에요.
성종의 아들 연산군도 왕위에서 쫓겨난 왕이에요. 연산군의 어머니는
성종의 두 번째 왕비 윤씨예요. 윤씨는 성격이 강하고 질투가 심해
왕비로서 모범을 보이지 못해서 그 자리에서 쫓겨났고,
결국에는 사약을 받고 죽었어요. 당시 어렸던 연산군은
이 일을 모른 채 자라서 일곱 살에 세자가 되었어요.
세월이 흘러 성종이 세상을 떠나고 연산군이 왕이 되었어요.
연산군은 무난하게 왕 노릇을 시작하였어요.
그런데 즉위 직후 연산군의 증조부인 세조를 비난한 글로
사림파와 훈구파가 갈등이 생겼어요. 게다가 연산군은 친어머니 윤씨가
쫓겨나 사망하게 된 사건을 자세히 알게 되었어요.

분노한 연산군은 이 두 사건에 관계된 사람, 옳은 말로 충고하는 사람 등
많은 사람들을 무자비하게 죽였어요. 이때 죽은 많은 사람들이 사림파였고,
사림파들이 화를 당했다는 뜻으로 이를 '사화'라고 해요. 연산군 때만 사화가
두 번 일어났어요. 연산군은 더이상 나랏일은 돌보지 않았어요.
이런 연산군에게 바른 말을 하는 신하들이 많아지자 신하들에게 말조심하라고
'신언패'라는 것을 목에 걸게 했어요. 또 백성들의 집을 사냥터로 만들어
피해를 주고, 전국에서 데려온 예쁜 여자들을 '흥청'이라 부르며
자주 잔치를 열어 놀기만 했어요. 결국 연산군은 왕의 자리에서 쫓겨났어요.
흥청이 연산군을 망하게 하는 망청이 되었다고 해서 '흥청망청'이란 말이
생겨났어요. 돈을 마구 쓰며 제멋대로 논다는 뜻이에요.

사화, 흥청망청의 뜻을 본문에서 찾아 밑줄 그어 보세요.

 ## 중종과 그의 신하 조광조

제멋대로였던 연산군이 신하들에게 쫓겨난 뒤, 왕이 된 인물은
성종과 세 번째 왕비의 아들로서 연산군의 이복동생인 진성 대군이었어요.
바로 11대 왕 중종이에요. 중종을 왕으로 만든 신하들은 그 공로로
새로운 훈구파 공신이 되어 엄청난 재산을 얻고 혜택을 누렸어요.
새 훈구파들의 힘이 대단해서 왕인 중종이 눈치를 볼 정도였지요.
중종은 아버지 성종처럼 사림파를 관리로 뽑아 힘을 실어 주며
훈구파에 맞섰어요. 이때 등용된 사림파 중에서
중종의 사랑을 받은 대표 인물이 조광조예요.
조광조는 철저히 성리학의 이념을 따르는 원칙적인 사람이었어요.

조광조는 성리학의 가르침을 나랏일에 적용하려고 했어요.
조선을 이상적인 나라로 만들려고 애쓰며 훈구파의 잘못을 비판했지요.
훈구파 대신들은 기강을 바로잡으려는 조광조를 굉장히 미워했어요.
훈구파는 눈엣가시인 조광조를 몰아내기 위해, 그가 왕이 되려고 한다는
거짓 소문을 냈어요. 그 무렵 중종도 조광조의 원칙적인 면과 그동안 너무 커진
그의 힘이 부담스러웠어요. 결국 조광조는 유배를 떠나 사약을 받고 죽었어요.
이 사건으로 많은 사림파들이 죽거나 유배를 가는 등 또 한 번의 큰 '사화'가
일어났어요.

🖉 훈구파 대신들이 조광조를 싫어한 이유를 찾아 밑줄 그어 보세요.

> **주초위왕(走肖爲王)**
> 훈구파들이 조광조를 모함하기 위해 세운 계략이에요.
> 나뭇잎에 꿀로 주초위왕(走肖爲王)이라는 글씨를 써서
> 벌레들이 글씨를 파먹게 했어요. 주(走)와 초(肖)를 합치면
> 조광조의 '성'인 '조(趙)'라는 글자가 돼요.
> 즉, 조광조가 왕이 되려고 한다는 모함을 하는 것이었어요.
> 결국 조광조는 그 일로 사약을 받고 죽임을 당했어요.

문정 왕후는 왕인가, 왕비인가?

중종의 두 번째 왕비인 장경 왕후는 아들을 낳은 지 일주일 만에 죽고
말았어요. 중종은 어머니 없는 아들 인종을 위해 왕자의 외가 쪽
먼 친척을 왕비로 맞이했어요. 바로 문정 왕후예요.
문정 왕후는 똑똑하고 권력에 욕심이 많았어요.
딸만 낳았을 때는 훗날 인종이 되는 세자를 아꼈어요. 하지만 아들을 낳자
제 아들이 왕이 되게 하려고 인종을 굉장히 미워했어요. 중종이 죽은 뒤
왕이 된 인종은 몸이 약해 일 년도 안 되어 세상을 떠나고,
문정 왕후의 아들인 경원 대군이 열두 살에 명종으로 즉위하였어요.

문정 왕후는 이때부터 어린 명종을 대신해서 나라를 다스리면서
남동생 윤원형과 함께 엄청난 권력을 휘두르기 시작했어요.
인종의 외가를 무너뜨리고 자신의 뜻을 반대하던 사림파도 제거했어요.
또 다시 많은 사림파가 화를 당하는 '사화'가 일어났어요.
살아남은 사림파 선비들은 고향으로 돌아가 열심히 공부했고,
오늘날의 사립 학교인 서원을 세웠어요.
제자들을 가르치며 다시 뜻을 펼칠 수 있는 날이 오기를 기다렸지요.
정치가 혼란하자 백성들의 삶은 힘들어졌어요.
당시 문정 왕후의 힘은 어머어마했어요. 왕인 명종조차도 어머니를 두려워했어요.
명종은 어머니인 문정 왕후가 죽고 2년 뒤에 대를 이을 아들을 남기지 못한 채
죽고 말았어요.

사림파가 사화 이후에 고향에 내려가 한 일은 무엇인지 찾아보세요.

익선관의 주인이 된 선조

왕관의 무게를 견딜 자는 누구인가?

*익선관: 조선 시대 임금이 쓰던 모자

명종의 아들 순회 세자는 열세 살의 어린 나이로 세상을 떠났어요.

명종은 조카들을 자주 불러 누가 후계자가 될 만한 지 살펴보았어요.

어느 날 명종은 여러 조카들을 불러 대화를 나누기 시작했어요.

조카들은 아무 생각 없이 익선관을 써 보았어요.

열두 살의 하성군 차례가 되자…

하성군의 행동을 기특하게 여긴 명종은 하성군에게 다음 왕위를 물려줄 생각을 하게 되었어요.

훗날 명종이 죽자 정말로 이복동생 덕흥군의 셋째 아들 하성군이 다음 왕 선조가 되었답니다.

 # 최후의 승자는 사림파!

훈구파는 선조가 왕이 되었을 때 이미 힘을 잃은 상태였어요.
문정 왕후의 죽음과 같은 시기에 훈구파 신하들은 대부분
힘이 약해지고 나이가 들어 벼슬자리에서 물러났지요.
왕이 된 선조는 여러 차례 큰 화를 입고 지방으로 간
사림파를 적극적으로 등용했어요. 그동안 제자를 기르며
힘을 키우고 있던 사림파들이 다시 벼슬자리로 나왔어요.
바로 이때부터 사림파가 중심이 되어 나라를 이끌어가는
그들의 세상이 되었어요.

조선과 대한민국의 관직 이름과 역할을 알아볼까?

 생각이 달라지는 동인과 서인

나라를 주도적으로 이끌어 가던 사림들은 시간이 갈수록 고향이 같거나
학문과 정치에 대한 생각이 비슷한 사람들끼리 나뉘었어요.
사림이 나뉜 것을 붕당이라고 해요. 붕당의 시작은 '이조전랑'이라는
벼슬자리였어요. 이조전랑은 높은 벼슬은 아니지만 관리를 뽑을 수 있는
권리와 자기 다음에 이조전랑이 될 사람을 추천할 수 있었어요.
누구도 함부로 할 수 없는 막강한 자리라서 모두가 탐내는 벼슬이었지요.
선조 때 이조전랑 자리에 사림인 김효원이 추천을 받았어요. 그런데
또 다른 사림인 심의겸이 반대했어요. 둘 다 같은 사림이었지만,
자기와 다른 사림 세력이 커지는 것이 싫었기 때문이었지요.
그 후 두 사람은 이조전랑 자리를 두고 다투게 되었어요.
이때 두 사람을 지지하던 세력이 나뉘면서 붕당이 생겼어요.

✏️ 본문에서 붕당, 이조전랑의 뜻을 찾아 밑줄 그어 보세요.

김효원의 편을 드는 사람들을 동인이라고 불렀고, 심의겸의 편을 드는 사람들을
서인이라고 불렀어요. 왜냐하면 김효원의 집은 궁궐(경복궁)의 동쪽에 있고,
심의겸의 집은 궁궐(경복궁)의 서쪽에 있었거든요.
처음에 동인과 서인은 생각이 달라 부딪혔지만, 나라를 위한 좋은 의견은 인정하면서
나라를 이끌었어요. 하지만 시간이 갈수록 각자의 이익만 생각하고 권력을 쫓았어요.
결국 동인과 서인은 권력을 잡기 위해 서로를 모함하고 나라를 엉망으로 만들었어요.

 선조 때 있었던 조선의 능력자들

선조가 다스리던 시대에는 능력 있는 인물들이 무척 많았어요.
대표 인물만 꼽아 볼까요? 우선 조선 성리학의 두 기둥인 퇴계 이황과 율곡 이이,
임진왜란의 영웅 이순신 장군, 오성과 한음으로 유명한 이항복과 이덕형,
임진왜란의 조선군 총사령관이자 『징비록』이라는 책을 쓴 류성룡 등이 있어요.
그리고 『동의보감』을 지은 조선 최고의 의사 허준,
율곡 이이의 어머니이자 예술가였던 신사임당도 비슷한 시기의 사람이었지요.
우리나라 화폐에 있는 인물들은 세종 대왕을 제외하고
모두 선조 때 살았던 사람들이에요.

🔍 조선의 유명한 인물 중에 여러분이 가장 존경하는 인물을 그림에서 찾아보세요.

지폐에 숨겨진 문화재 정보를 더 알고 싶다면 180~183쪽을 찾아보세요.

단원 정리

 역사 용어

☑ 훈구파
세조와 중종이 왕이 되는 과정에서 도움을 주며 공을 세워 높은 권력과 부를 누리던 신하들.

☑ 사림파
조선 건국 과정에 참여하지 않은 온건파 신진 사대부의 후예들로, 주로 지방에서 제자를 키우며 학문에 힘쓴 사람들.

☑ 붕당
조선 선조 이후 정치와 학문의 입장에 따라 나뉘어서 형성된 정치 집단.

☑ 유배
죄를 지은 사람을 먼 곳으로 보내 격리시키던 형벌.

 역사 생각

궁금하다!

훈구파와 사림파는 왜 대립하게 되었나요?
세조와 중종이 왕이 될 때 공을 세운 훈구파 신하들은 막강한 권력을 가지고 있었어요. 그들은 권력이 더 커지자 왕권에 위협이 될 정도였어요. 성종은 훈구파 세력을 견제하기 위해 지방에서 교육에 힘쓰고 있는 사림파들을 등용했어요. 이렇게 훈구파와 사림파는 서로 권력을 차지하기 위해 갈등을 겪었어요.

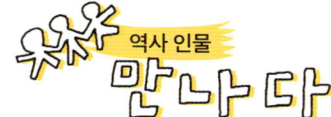 역사 인물

단종
조선의 제6대 왕. 어린 나이에 왕이 되어 삼촌인 수양 대군(세조)에게 왕위를 빼앗기고 강원도 영월에 유배되어 죽임을 당한 비운의 왕.

세조
조선의 제7대 왕. 어린 조카인 단종의 왕위를 빼앗아 왕이 됨.

성종
조선의 제9대 왕. 『경국대전』을 완성하고, 여러 제도를 정비함.

연산군
성종의 아들이자, 조선의 제10대 왕. 폭정으로 신하들에게 쫓겨남.

이황
조선 최고의 성리학자. 조선 성리학을 발전시키고 많은 제자들을 길러냄.

이이
이황과 더불어 조선 성리학을 발전시킨 대학자로 신사임당의 아들임.

문정 왕후
조선 중종의 왕비로 어린 아들인 명종이 왕위에 오르자 권력을 잡고 나라를 좌지우지함.

떙떙 가 다
역사 장소

 **도산서원** 퇴계 이황을 기리기 위해 경북 안동에 세운 서원. 조선 최고의 성리학자 퇴계 이황 선생이 남긴 것과 유교의 모습을 알아볼 수 있는 곳.

 **선정릉** 조선의 성종과 정현 왕후의 능인, 선릉과 아들 중종의 정릉이 가까운 곳에 있어 선정릉이라 부름. 조선 시대 왕릉의 모습을 잘 알 수 있는 곳.

 **청령포** 강원도 영월에 있는 단종의 유배지. 어린 단종의 비극적인 사연을 품은 곳.

 확인하기

01 다음은 무엇을 설명하는 것인지 알맞은 말을 쓰세요. (   )

> 이것은 세조 때 만들기 시작하여 성종 때 완성된 조선 최고의 법전이다. 당시에는 같은 죄를 지어도 관리 마음대로 벌을 내릴 수 있어서 불공평한 일이 많았다. 그래서 백성들을 공평하고 올바르게 다스리기 위해 정치, 경제, 사회, 문화 등에 원칙을 담은 이것을 만들었다. 결혼하는 나이, 군대 문제, 세금 문제, 과거와 관련된 문제 등 백성들과 관계된 내용이 들어 있다.

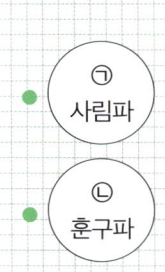

02 다음 정치 세력에 대한 설명을 바르게 연결하세요.

① 세조가 단종을 몰아내고 왕이 되는 데 도움을 주고 공을 세운 신하들 ●   ● ㉠ 사림파

② 조선 초기 정몽주 같은 온건파 신진 사대부들의 뜻과 학문을 이어받고 지방에서 조용히 제자를 기르며 학문에 힘쓰던 사람들 ●   ● ㉡ 훈구파

03 다음은 조선 왕조의 순서입니다. 빈칸에 알맞은 말을 쓰세요.

단종 - 세조 - 예조 - (   ) - 연산군 - 중종 - 인종 - 명종 - (   )

풀이 01 경국대전 02 ①-㉡, ②-㉠ 03 성종, 선조

4장
조선 시대 사람들은 어떻게 살았을까?

조선은 성리학, 즉 새로운 유교의 이념으로 세워진 나라예요.
그래서 백성들에게 그 정신을 심어 주려고 유교의 기본 도리인
삼강과 오륜을 강조했지요. 한편, 조선은 신분의 차별이 있는 신분제 사회였어요.
그들은 신분에 따라 하는 일과 사는 모습이 달랐어요.
여성의 지위는 어땠을까요?
조선 시대 사람들의 생활 모습들은 어떠했는지, 지금과 어떤 차이가 있는지
비교하면서 살펴보기로 해요.

 삼강오륜은 무엇일까요?

조선은 유교를 건국 이념으로 삼아 세운 나라예요. 그러다 보니 공자님 말씀인 유교의 가르침에 따라 살려고 노력했어요. 생활 속에서 유교의 가르침을 실천하기 위해 '삼강오륜'을 널리 퍼뜨렸어요.

삼강과 오륜은 사람답게 살아가기 위해 따라야 할 기본 덕목을 말해요.
삼강은 군위신강, 부위자강, 부위부강으로 임금과 신하, 어버이와 자식, 남편과 아내 사이에 마땅히 지켜야 할 도리예요. 오륜은 『맹자(孟子)』에 나오는 군신유의, 부자유친, 부부유별, 장유유서, 붕우유신으로 임금과 신하, 어버이와 자식, 남편과 아내, 어른과 아이, 친구와 친구 사이에 지킬 도리예요.
조선 백성들은 삼강과 오륜에 따라 삶을 살아갔어요.
삼강오륜은 오늘날에도 우리 삶에 많은 영향을 주고 있어요.

 # 귀한 사람, 천한 사람이 있다고?

조선 시대는 지금처럼 평등한 사회가 아니었어요.
태어날 때부터 이미 신분이 정해져 있었어요.
부모가 양반이면 자녀도 양반이라 귀한 대접을 받으며 살았고,
부모가 노비면 자녀도 노비여서 천한 대접을 받으며 힘들게 살아야 했지요.
조선 시대의 신분은 크게 양인과 천민으로 나뉘었어요.
이런 신분제를 '양천제'라고 해요. 양인은 양반, 중인, 상민으로 또 나뉘었어요.
천민은 '종'으로 불리는 노비가 대부분이었어요.
광대, 무당, 백정, 기생 등도 여기에 속했어요. 이렇게 조선 사람들은
신분에 따라 차별 대우를 받았고, 권리와 의무도 달랐어요.

양반은 어떻게 살아갔을까?

양반은 조선의 지배 계층으로 유교 경전을 공부하고, 과거에 합격해 나라를 다스리는 일을 한 사람들이에요. 문과 시험을 합격하면 문반 관리, 무과 시험을 합격하면 무반 관리가 되었어요. 문반과 무반을 합쳐 양반이라고 해요. 대개 양반의 가문 사람들까지 양반이라고 불렀어요. 양반은 군대 가는 군역과 나라의 큰 공사에 동원되는 요역을 면제 받는 등 특별한 혜택이 많았어요. 평소에는 글공부를 주로 하지만 때때로 모여서 활을 쏘거나 시를 지으며 놀기도 했어요.

*요역: 나라에서 시키는 힘든 일을 해야 하는 백성들의 의무.

솟을대문
행랑채 지붕보다 높이 지은 대문을 솟을대문이라고 해요. 높이 솟은 모습이 양반 집의 권력과 부를 상징해요.

행랑채
대문과 나란히 지어진 집이에요. 주로 하인들이 머물면서 손님을 맞이하고 심부름도 했어요. 힘 있는 부잣집일수록 하인이 많아서 행랑채를 길게 지었어요. '줄행랑을 치다'라는 말이 있는데 오늘날 '도망친다'라는 의미로 쓰여요.

사랑채

집안 남자들이 머무는 공간으로 대문을 열고 들어오면 바로 보이는 곳에 있어요. 남자 주인이 공부하고 손님을 맞이하는 공간이에요. 손님들이 머물기도 해요.

안채

집안 여자들이 머무는 곳으로 안방마님과 자녀들이 생활하고 부엌을 비롯한 살림살이도 있어요. 바깥에서 보이지 않게 담이나 문으로 막아 놓았어요.

사당

돌아가신 조상들의 위패를 모시는 곳이에요. 주로 집에서 가장 깊숙하고 높은 곳에 있어요. 효를 실천하고 조상을 모시는 신성한 곳이어서 엄숙하게 여겨졌어요. 무언가를 굉장히 소중하게 여길 때 '신줏단지 모시듯 한다'고 하는 말이 여기서 생겨났어요. 위패를 신주라고도 하거든요.

행랑채

양반집 여성들은 주로 자녀를 교육하며 집안 살림을 돌보거나, 자수를 놓으면서 시간을 보냈어요. 양반은 물려받은 재산이나 노비, 또 나라에서 받은 땅으로 풍요롭게 살았지요. 부유한 양반은 주로 넓은 기와집에서 살았어요. 그 집은 유교의 이념에 따라 생활 공간이 나뉘어 있었어요. 양반집 남자들은 사랑채, 여자들은 안채, 그리고 하인들은 행랑채에 살았어요.

 전문 직업을 가진 중인

오늘날 사람들이 되고 싶어 하는 직업은 무엇일까요?
의사, 법조인, 회계사, 화가, 연예인 등 전문적인 직업이 인기가 많아요.
그런데 옛날에는 전문적인 직업을 가진 사람들의 신분이 높지 않았어요.
이들은 양인이면서 양반보다 신분이 낮은 중인이었어요.
지방에서 고을 수령을 도와 일하던 향리도 중인이에요.
양반인 아버지와 신분이 낮고 첩인 어머니 사이에서 태어난
서얼도 중인으로 대우했어요. 서얼은 양반인 정실부인의 자녀에 비해
큰 차별을 받았어요. 소설 『홍길동전』에서 홍길동이 겪는
일들을 보면 서얼의 슬픔을 짐작할 수 있어요.

✏️ 서얼의 뜻을 찾아 밑줄 그어 보세요.

현대 통역사

조선 시대 역관

원래는 중인도 과거 시험을 볼 수 있었어요.
잡과 시험을 보고 합격하면 역관이나 의관이 될 수 있었지요.
하지만 서얼은 문관이 되기 위한 문과 시험을 볼 수 없었어요.
중인은 여러 가지 신분의 제약이 있었지만 전문 직업인으로서 큰돈을 벌어
경제적인 안정을 누리고 살았어요.

 ## 세금 내고 나라 지키는 상민

양인의 다수가 상민이었어요. 상민은 세금을 내고, 나라를 지키러
군대에 가고, 나라의 큰 공사에 가서 일을 해야 했어요.
상민은 대부분이 농민이었고, 여러 가지 물건을 만드는 수공업자와
시장에서 물건을 파는 상인도 상민에 포함되었어요.
양인인 상민도 과거를 보고 관리가 될 수 있었지만, 먹고살기도 힘든데
공부해서 과거를 보는 일은 현실적으로 어려웠어요.
상민들은 열심히 살았지만 형편이 늘 어려웠어요.
상민은 주로 초가집에 살면서 남자는 농사를 짓고 여자는 집안 살림을 했어요.
나라에서 상민들의 역할은 매우 중요했어요. 상민의 수가 많아야
세금 내는 사람이 많고, 세금이 충분해야 나라 살림이 튼튼해지니까요.
또한 상민이 많으면 군인의 수가 많다는 뜻이니 강한 나라를 만들 수 있고요.

말보다 못한 대접을 받은 노비

조선에서 가장 사람 대접을 받지 못한 신분은 천민이에요.
천민은 사람으로서, 백성으로서 마땅히 해야 할 권리와 의무도
없었어요. 과거를 볼 권리도 없었고 세금을 낼 의무도 없었지요.
그래서 천민이 많으면 세금 내는 사람이 줄고, 그 때문에 세금이 적게 걷혀
나라 살림이 어려워졌어요. 천민 중에서도 남자 종인 '노'와 여자 종인 '비'를
뜻하는 '노비'가 가장 많았어요. 그 외에 소나 돼지를 잡는 백정,
조선 시대의 연예인인 광대, 남의 운세를 봐 주고 굿을 하는 무당,
술자리에서 노래하고 춤추는 기생 등이 있어요.
그중에서 개인의 재산이던 노비는 다른 재산과 마찬가지로
물려줄 수 있고 사고팔 수도 있었어요.
조선 시대에는 노비 한 사람보다 말 한 마리가 더 비쌌다고 해요.

✎ 노비의 뜻을 찾아 밑줄을 그어 보세요.

부모 중 어느 한쪽이라도 천한 신분이면 자식은 천한 신분을 물려받게 되어 있었어요.
따라서 부모 중 한 사람이라도 노비이면 자식도 노비가 되었어요.
노비는 주인이 누구냐에 따라 공노비와 사노비로 나누어져요.
나라에 속한 공노비는 나라에서 시키는 일을 하면서 가족과 함께 살며
재산도 모으고 비교적 자유롭게 살았어요.
양반에게 속한 사노비는 주인과 함께 살며 그 집의 일을 맡아 하는 솔거노비와
주인과 따로 살면서 주인을 위해 일하는 외거노비로 나뉘어요.

 # 남자는 장가가고, 여자는 시집가고

조선 전기에는 남녀가 비교적 평등했던 고려 시대의 풍습이 많이 남아 있었어요. 그래서 조선 전기의 여성들은 유교 이념이 굳어진 조선 후기의 여성들보다 많은 권리를 누렸어요. 당시에는 부모가 재산을 아들딸 모두에게 비슷하게 나누어 주었고, 제사는 아들딸 구분하지 않고 돌아가며 지냈어요. 옛날에는 결혼한다는 표현을 '장가간다', '시집간다'고 했어요. 시집은 신랑 부모의 집이고, 장가는 신부 부모의 집을 뜻해요.

예날엔 스리야 알이야

***관혼상제**: 사람이 살면서 겪는 네 가지(관례, 혼례, 상례, 제례)의 중요한 행사.

관혼상제

관

어른이 되다
15세가 넘으면 어른이 되었음을 알리는 관례를 치렀어요. 남자아이는 상투를 틀어 관을 쓰고, 여자아이는 머리를 올려 쪽을 찌고 비녀를 꽂았어요.

혼 - 결혼을 하다
신부 집에서 결혼식을 한 후에, 신랑 집으로 가서 시부모와 어른들에게 폐백을 드려요.

조선 전기에는 결혼을 하면 여자의 부모 집에서 오랫동안 살다가 남자 집으로 갔어요. 그래서 남자가 장가간다는 말이 생긴 거예요. 그런데 조선 후기에는 결혼 후에 신부가 바로 시집으로 가서 신랑 가족들과 계속 함께 살았기 때문에 여자가 시집간다는 말이 생겼어요. 시집 어른들의 눈치를 보며 힘들게 사는 일이 많아서 '시집살이'라는 말도 생겼어요. 그러니까 결혼하고도 자기 집에서 살았던 조선 전기 여자들이 훨씬 자유롭고 마음도 편했겠지요. 조선 전기는 남자들이 장가오던 시절이었으니까요. 이것으로 조선 전기 여성의 지위를 알 수 있어요. 그래서 신사임당의 아들인 조선 전기의 대학자 율곡 이이도 외가인 강릉 오죽헌에서 태어나고 자랐어요.

하늘로 돌아가다
옛날에는 사람이 죽으면 하늘로 돌아간다고 생각했어요.
가족들은 삼베로 만든 상복을 입고 장례를 치렀어요.
자식들은 3년 동안 부모의 묘를 지켰어요.

제사를 지내다
죽은 부모를 위해 정성을 다해 제사를 지내는 것을
효도라고 생각했어요. 해마다 조상이 죽은 날 지내는
것을 제사, 명절에 지내는 것을 차례라고 해요.

단원 정리

알다 역사 용어

☑ **삼강오륜**
유교의 가르침을 생활 속에서 실천하려고 정리한 것으로, 사람답게 살아가기 위한 기본적인 도리.

☑ **삼강**
임금과 신하, 부모와 자식, 남편과 아내 사이에 마땅히 지켜야 할 도리임. 군위신강, 부위자강, 부위부강이 있음.

☑ **오륜**
유교에서 주장하는 가장 기본적인 도리임. 군신유의, 부자유친, 부부유별, 장유유서, 붕우유신이 있음.

☑ **과거제**
시험을 쳐서 관리를 뽑는 제도.

보다 역사 유물

기와집
주로 양반들이 사는 집으로 기와로 지붕을 만들었으며 남자와 여자, 양반과 하인의 공간이 분리되어 있음.

초가집
주로 상민들이 사는 집으로 볏짚으로 지붕을 이었고 크기가 작은 편이었음.

역사 생각 궁금하다!

조선 시대에는 어떤 학교가 있었나요?

서당 오늘날의 초·중학교에 해당하는 학교로 한양과 지방 곳곳에 있었고, 『천자문』 『동몽선습』 『명심보감』 등을 배웠어요.

사학당 한양에 있던 공립 학교로 오늘날의 고등학교와 대학교와 비슷해요. 한양의 동, 서, 남부와 중앙의 네 군데에 있어서 사부학당이라고 해요. 기숙사도 있었고, 나라에서 무료로 교육을 해 주었어요.

향교 지방에 있던 공립 학교로 오늘날의 고등학교와 대학교와 비슷해요. 향교는 유교를 만든 공자를 추모하는 제사를 지내고 학생도 가르쳤어요. 교재비, 기숙사비, 교육비가 모두 무료이고, 농사철에는 방학도 있었어요.

서원 지방에 있던 사립 학교로 오늘날의 지방 사립 대학교와 비슷해요. 사화를 피해 고향으로 간 사림파들이 공부하면서 제자들을 기르던 것에서 시작되었어요. 서원은 훌륭한 유학자들을 본받기 위해 제사도 지내고 학생들에게 공부도 가르쳤어요. 그리고 사림파들이 함께 힘을 모으기도 했던 곳이에요.

성균관 조선 최고의 교육 기관으로 주로 문과에서 소과 과거 시험에 합격한 조선 최고의 인재들인 생원이나 진사들에게 입학할 수 있는 자격이 주어졌어요. 성균관에서 공부한 후 3년마다 열리는 대과 시험을 치르면 전국에서 33명이 합격해요. 이때부터 높은 관리가 되는 길이 열리고 가문의 영광이 되지요.

가 다 역사 장소

박물관

유교문화박물관 경북 안동에 있으며 유교 문화를 전문으로 전시하는 박물관으로 조선 시대 사람들의 정신 세계를 지배하던 유교에 대해 잘 알 수 있음.

유적지

남산골한옥마을 조선 시대 양반 집의 모습과 구조를 알 수 있는 곳으로 서울시 중구 퇴계로에 있음.

안동하회마을 경북 안동에 있는 조선 시대 대표적인 양반 마을이자, 풍산 류(유)씨들이 모여 사는 씨족 마을임. 유네스코 세계 문화 유산으로 지정되었음.

확인하기

01 가르침을 실천하기 위해 지켜야 할 것을 나타내는 삼강오륜과 그 뜻을 알맞게 연결하세요.

삼강
① 군위신강 ●
② 부위자강 ●
③ 부위부강 ●

● ㉠ 신하는 임금을 섬겨야 한다.
● ㉡ 자식은 부모를 섬겨야 한다.
● ㉢ 아내는 남편을 섬겨야 한다.

오륜
① 군신유의 ●
② 부자유친 ●
③ 부부유별 ●
④ 장유유서 ●
⑤ 붕우유신 ●

● ㉠ 어른과 아이 사이에는 차례와 질서가 있어야 한다.
● ㉡ 친구 사이에는 믿음이 있어야 한다.
● ㉢ 부부 사이에는 구별이 있어야 한다.
● ㉣ 임금과 신하 사이에는 의로움이 있어야 한다.
● ㉤ 부모와 자식 사이에는 친함이 있어야 한다.

02 조선 시대에는 신분 제도가 있었어요. 옆의 그림을 보고 <보기>에서 알맞은 말을 골라 ( ) 안에 써 보세요.

<보기> 양반, 중인, 상민, 노비, 천민

양반 ( ) 상민 ( )

5장
조선이 위험해요

조선은 건국 이래 200년 동안 큰 전쟁 없이 평화가 이어졌어요.
조선의 동쪽 바다 건너 일본은 어땠을까요?
일본에서는 지난 100여 년 동안 지방 세력들이
서로 권력을 잡기 위해 벌였던 전쟁이 막 끝난 참이었어요.

1590년
도요토미 히데요시, 100여 년간 이어진 전국 시대를 끝내고 일본을 통일함.

1591년
이순신, 전라좌도 수군절도사 됨.

1592년
· 일본, 임진왜란을 일으켜 조선을 침략함.
· 의병, 조선을 지키기 위해 전국에서 일어남.
· 이순신, 한산도 대첩에서 승리함.
· 명, 조선에 지원군을 보냄.
· 김시민, 진주 대첩에서 승리함.

일본을 통일한 도요토미 히데요시는 바다 건너 중국과 조선까지
지배하겠다는 큰 욕심을 품었어요.
1592년 도요토미 히데요시가 대규모 군사를 앞세워 조선을 침략했어요.
임진왜란이 일어난 거예요! 미처 대비하지 못했던 전쟁은 7년간 이어졌어요.
조선을 지키기 위해 어떤 노력을 했는지, 임진왜란이 어떤 피해와 교훈을
남겼는지 함께 알아볼까요?

1593년
· 조명 연합군, 평양성을 되찾음.
· 권율, 행주 대첩에서 승리함.
· 일본, 회담을 제안함.

1597년
· 일본, 회담을 결렬하고
  정유재란을 일으킴.
· 이순신, 백의종군함.
· 원균, 칠천량 해전에서 크게 패함.
· 이순신, 명량 대첩에서 크게 승리함.

1598년
· 일본, 도요토미 히데요시의
  죽음으로 조선에서 물러감.
· 이순신, 노량 해전에서 죽음.

평화의 끝에 선 전쟁의 그림자

조선은 건국 이후 200년 동안 큰 전쟁 없이 평화로웠어요.
하지만 그 때문에 국방력이 많이 약해진 상태가 되었지요.
나라 안에서는 선조 때 동인과 서인으로 갈라진 붕당이
서로 다투면서 권력 싸움이 점점 심해졌어요. 많은 사람들이
피 흘리고 죽는 사건이 일어나면서 나라 안은 굉장히 혼란스러웠어요.
이런 때, 일본이 쳐들어올 거라는 소문이 퍼지기 시작했어요.

조선은 소문을 확인하기 위해 통신사를 일본으로 파견했어요. 그런데 일본에 다녀온 신하들의 말이 서로 달랐어요. 서인 쪽 사신은 일본이 침략할까 걱정된다고 했고, 동인 쪽 사신은 침략 가능성이 없으니 걱정하지 말라고 했어요. 조정에서는 동인 쪽 사신의 말이 믿음직하다고 의견이 기울면서 일본의 침략에 대한 준비를 소홀히 했어요.

*통신사: 조선 시대에 일본으로 보내던 사신(임금의 명령을 받고 외국에 가는 신하).

일본을 통일한 도요토미 히데요시

조선이 붕당 정치로 혼란스러울 때 일본에서는 도요토미 히데요시가 100여 년간 지방 세력들끼리 권력을 두고 싸우던 혼란한 시대를 끝냈어요. 일본을 통일한 도요토미는 그 과정에서 도움받았던 힘센 지방 세력들의 불만을 잠재워야 했어요. 그래서 조선과 명을 쳐서 그 땅을 나눠 주겠다며 지방 세력들의 관심을 나라 밖으로 돌렸어요. 도요토미 자신도 일본뿐 아니라 조선과 명까지 지배하겠다는 큰 욕심을 품었어요.

* **붕당 정치**: 여러 붕당들이 서로 자신들의 입장을 주장하며 힘겨루기를 하면서 나라의 일을 이끌어 가는 것.

 # 탕탕탕! 조총을 앞세워 쳐들어온 일본

일본은 조선을 침략할 구실로 명나라를 치러 간다는 이유를 댔어요.
명으로 가게 길을 내어 달라고 요구했어요.
명나라를 섬기던 조선은 길을 내줄 수 없다고 했지요.
그러자 일본이 1592년에 배를 타고 부산으로 쳐들어왔어요.
이것이 임진왜란의 시작이에요. 일본군은 잘 훈련된 군사와 신식 무기인
조총을 앞세웠어요. 전쟁을 준비하지 못한 조선군은 부산진성과
동래성에서 열심히 싸웠으나 힘없이 무너졌어요.
일본군은 무서운 속도로 치고 올라왔어요.
조선의 희망이던 신립 장군까지 충주의 탄금대 전투에서 패배하고 말았어요.

조총
임진왜란 때 일본이 사용했던 신식 무기.

엄청나게 몰려 온다!

부산진순절도
임진왜란 때 부산진에서 조선군이 왜군과 벌인 치열한 싸움을 그린 그림.

동래부순절도
임진왜란 때 동래부에서 조선군이 왜군과 벌인 싸움을 그린 그림.

전하, 백성을 버리고 어디로 가시나이까?

선조는 조선군이 충주에서 패배하고 일본군이 한성 근처에 다다르자,
백성과 한성을 버리고 평양을 거쳐 의주로 가는 피란길에 올랐어요.
또한 선조는 광해군을 세자로 책봉하고 명에 군대를 보내 달라고 했어요.
백성들은 자신들을 버리고 간 임금에게 분노하여
궁궐과 노비 문서가 있는 관아를 불태웠어요.
이렇게 선조가 떠난 한성에는 얼마 지나지 않아 일본군이 쳐들어왔어요.
당시에 부산에서 한성까지 가는 데 20일 가까이 걸렸는데,
일본군은 곳곳에서 전쟁을 하면서도 약 20일밖에 걸리지 않았대요.

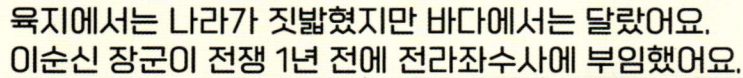

덕분에 곳곳에서 큰 승리를 거두며 조선의 바다를 확실하게 지켰어요.

특히 학이 날개를 펼쳐 감싸는 듯한 모양으로 진을 치는 전술로 큰 승리를 거둔 한산도 대첩은 임진왜란의 3대 대첩 중의 하나예요. 이러한 이순신 함대의 활약으로 전라도 곡창* 지역을 지켰어요.

*곡창: 곡식이 많이 나는 지역.

서해를 통해 일본군에게 식량과 전쟁 물품을 전해 주려던 일본의 계획은 물거품이 되고, 이순신 장군이 이끈 승리로 전쟁의 양상은 바뀌게 되었어요.

육지에서는 임금까지 피난 간 상황이었지만, 백성들은 위기에 빠진 나라를 구해야 한다는 생각을 가지기 시작했어요.

전국 곳곳에서 양반부터 천민까지 스스로 일어난 의병들과 스님들로 구성된 승병들까지 일어났어요.

이들은 자기 고장의 지리를 잘 알고 이런 점을 이용해서 곳곳에서 일본군을 위협하며 잘 싸웠어요.

 붉은 옷을 입은 홍의 장군, 곽재우

경남 의령에서 일어난 의병장 곽재우는 부유한 집안의 아들이었어요.
그는 일본이 쳐들어와 나라가 위기에 처하자 열흘도 안 되어
의병을 모으고 전 재산을 팔아 의병 활동에 쓸 자금을 마련했어요.
곽재우는 늘 붉은 옷을 입고 다녀서 홍의 장군이라는 별명을 얻었어요.
그는 자기와 똑같은 옷을 여러 사람에게 입히고 여기저기에서
나타나게 하는 작전으로 적을 속이고 혼란스럽게 했어요.
진주 대첩에도 참여하여 큰 공을 세웠지요.

의병장 곽재우를 홍의 장군이라고 부른 이유를 말해 보고,
그림 속에서 홍의 장군을 찾아 동그라미 해 보세요.

명나라 군대도 왔어요

전쟁이 나고 몇 달 지나자, 조선군은 정비되고 자리를 잡아 갔어요.
하지만 일본군은 계획보다 전쟁이 길어져서 점점 힘이 들었어요.
식량도 제대로 보급되지 않는 데다가, 혹독한 추위로 더 이상
버티기가 힘들었어요. 이런 가운데 일본군은 전라도로 진출해서
어려움을 해결하고자 진주성을 공격했어요. 하지만 진주성에서
김시민이 이끄는 군사 3천여 명과 백성들이 힘을 합쳐
약 2만 명의 일본군을 크게 물리쳤어요.
이것이 진주 대첩이에요. 곽재우가 이끄는 의병들도
성 밖에서 진주 대첩의 승리에 힘을 보탰어요.
한편 명나라에서 보낸 지원군이 평양에 도착했어요.
조선과 명나라 군사가 힘을 합쳐 평양성을 되찾았어요.
이때부터 전쟁은 조선군에게 유리해지기 시작했어요.

✏️ 그림에서 진주성에서 승리를 이끈 김시민 장군을 찾아 동그라미 해 보세요.

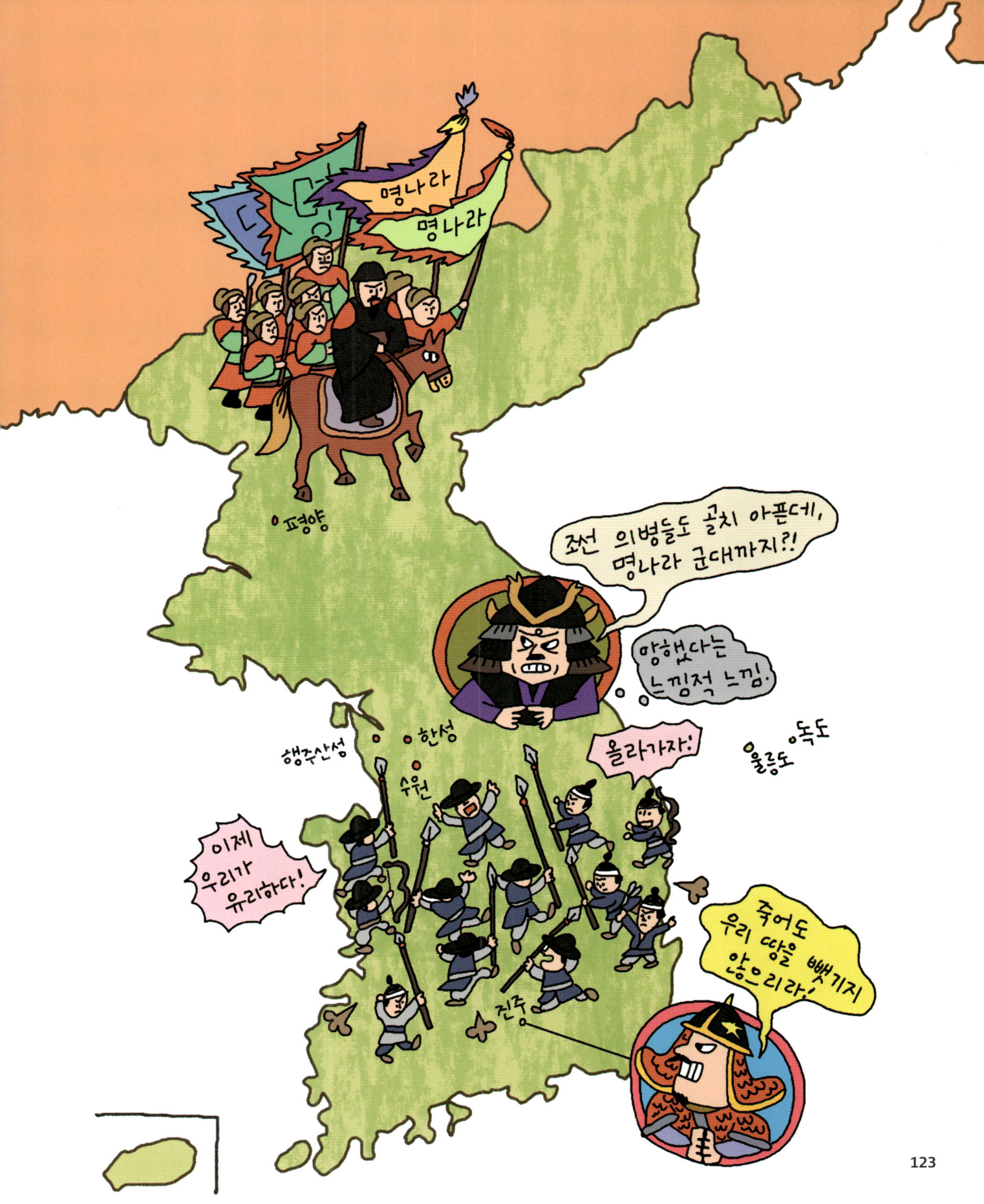

 ## 행주 대첩에서 승리하다

평양성 전투 후, 한양으로 모이던 일본군은 행주산성에서 버티고 있던
권율 장군과 맞서게 되었어요. 권율은 한양을 되찾기 위해 전투 준비를
미리 해놓았어요. 흙으로 만든 행주산성 밖에 울타리를 치고
화포와 신기전 화차, 비격진천뢰 등의 우수한 무기도 준비했어요.
권율이 이끄는 3천여 명의 관군과 의병은 3만 명의 일본군에 맞서
죽을 각오로 싸웠어요. 그들은 화살이 부족해지자 돌을 가져와 던졌어요.
여자들도 긴 치마를 잘라 만든 앞치마에 돌을 담아 날랐어요.
그들은 온 힘을 다해 싸웠고, 결국 이겼어요.
행주 대첩으로 한양을 되찾은 덕분에 전쟁은 조선에 유리하게 바뀌었지요.

행주 대첩을 승리로 이끈 장군의 이름을 찾아 큰 소리로 말해 보세요.

기나긴 강화 회담

일본군은 행주산성에서 크게 패하고 명나라가 조선을 돕자 큰 위기를 느꼈어요.
그래서 전쟁을 멈추고 화해하자면서 명나라에 회담을 제안했지요.
행주 대첩으로 사기가 높아진 조선은 계속 싸워 일본을 몰아내고 싶었지만,
명나라는 조선 때문에 힘든 전쟁을 계속하고 싶지 않았어요.
일본과 명나라는 여러 차례 강화 회담을 하게 되었어요.
그러나 일본이 명과 조선을 상대로 무리한 요구를 했고
이는 받아들여지지 않았어요. 결국 협상은 깨지고 말았어요.
조선 땅에서 조선 백성과 군인들이 일본에 맞서 싸웠는데,
명나라와 일본을 중심으로 협상을 하다니 이해하기 힘든 일이었지요.

* **강화 회담**: 전쟁을 끝내기 위해 전쟁에 관련된 나라들이 모여서 회의하는 일.

그림의 대화에서 일본의 무례한 요구가 무엇이었는지 찾아보세요.

 이제 그만 전쟁을 멈추고 너희 나라로 돌아가라.
우리 명나라도 조선까지 와서 싸우려니 힘들다.

 우리도 그만 전쟁을 멈추고 돌아가고 싶지만,
우리 군주께서 빈 손으로 돌아오지 말라고 하셨다.

 좋다. 그럼 원하는 것이 뭔지 말해 봐라.

 명나라 황제의 딸을 우리 왕의 후궁으로 달라고 하신다.

 턱도 없는 소리 하지 말고 다른 조건을 말해라.

 조선 땅의 절반, 조선의 왕자와 신하를 달라고 하신다.

장난하냐? 요즘 너네가 지고 있는데, 정신 차려라.

← 명나라 대표

ㅠ-ㅠ

← 일본 대표

남의 나라를 두고 이러쿵 저러쿵! 어이가 없네.

다시 시작된 전쟁, 정유재란

강화 회담이 깨지자 일본은 약 15만 명의 군대를 조선으로 보내 1597년 정유년에 전쟁이 다시 시작되었어요. 조선은 그동안 무기를 정비하고 군사를 훈련시키며 전쟁에 철저하게 대비하고 있었어요. 일본군은 이순신이 없는 칠천량 해전에서 크게 이기고 전라도와 충청도까지 진출했지만 곧 조명 연합군에게 밀려났어요.

✏️ 그림을 보고 임진왜란 때의 전쟁과 정유재란 때의 전쟁을 구분하여 동그라미 해 보세요.

전라우수영
명량
진도
명량 대첩

함평
광주
전라도
장흥
해남

정유재란 1편
이순신 장군, 모함으로 위험에 빠지다.

정유재란으로 일본이 다시 쳐들어왔지만 조선도 그동안 무기를 정비하고 군사들을 훈련을 시키며 전쟁에 대비하고 있었어요.

하지만 안타까운 일이 있었어요.

바로 이순신 장군이 일본의 거짓 정보로 모함을 받아 삼도 수군통제사의 자리에서 쫓겨났어요.

 사사건건 이순신과 대립한 원균은 어떤 사람일까?

*삼도 수군통제사: 조선 시대 경상도, 전라도, 충청도의 수군을 모두 지휘하는 수군의 총사령관을 일컫는 말.

이순신 자기소개서

이름: 이순신
출생: 1545년
출신지: 한성부(서울) 건천동
학업성취도: 1576년 무과 급제
관직: 1591년 전라 좌수사 임명
특이사항: 임진왜란 일등공신

VS.

원균 자기소개서

 형이라 불러라

이름: 원균
출생: 1540년
출신지: 한성부(서울) 건천동
학업성취도: 1567년 무과 급제
관직: 만호·첨사·부사 등 역임
1592년 경상 우수사 임명
특이사항: 임진왜란 일등공신

원균이 그 자리를 차지해서 칠천량 해전에 나갔다가 크게 패하고 말았어요.

이 때문에 왜군은 전라도와 충청도까지 쳐들어가고 수군은 없어질 정도였어요.

이렇게 나라가 위험해지자 이순신은 다시 삼도 수군통제사가 되었어요.

하지만 칠천량 해전에서 많은 군사와 배를 격파 당해서 이제 남은 배도 12척밖에 없었어요.

7년 전쟁의 마침표를 찍다

일본군은 명량 앞바다에서 크게 지고 육지에서도 별다른 성과가 없어 사기가 크게 떨어졌어요. 이때 도요토미 히데요시가 죽었다는 소식이 전해졌고, 일본군은 전쟁을 끝내고 돌아가려 했어요. 하지만 이순신 장군은 일본군을 그냥 돌려보낼 수 없었어요. 일본으로 돌아가는 노량 앞바다에서 일본군이 다시는 쳐들어올 생각을 못하도록, 그동안 조선을 괴롭힌 죗값을 치르도록 확실히 혼내 주었어요. 이순신 장군은 노량 해전에서 이겼지만, 안타깝게도 일본군이 쏜 조총에 맞아 숨을 거두고 말았어요. 마지막 순간까지도 나라를 걱정하며 "싸움이 급하니 나의 죽음을 적에게 알리지 마라."라고 말했어요. 이 노량 해전을 끝으로 온 나라가 짓밟힌 7년간의 기나긴 전쟁이 끝났어요.

"지금 신에겐 아직 열두 척의 배가 있사옵니다."
원균이 칠천량 해전에서 패배한 뒤, 선조의 명을 받고 쓴 글.

"죽고자 하면 살 것이고, 살고자 하면 죽을 것이다."
명량 해전을 앞두고 병사들에게 한 말.

"경거망동 하지 말라. 침착하게 태산같이 무겁게 행동하라."
육지에서 패전 소식을 듣고 사기가 떨어진 군사들에게 한 말.

"싸움이 급하다. 부디 나의 죽음을 적에게 알리지 마라."
노량 해전에서 전사하기 직전에 병사들에게 한 말.

이순신 장군

누가 충무공이에요?

이순신은 2명, 충무공은 9명이라고?

임진왜란을 승리로 이끈 이순신 장군이 한 명 더 있어요.
그 사람은 충무공 이순신 장군의 부하, 무의공 이순신이에요.
무의공 이순신은 노량 해전에서 충무공 이순신이 전사했을 때,
장군의 역할을 잠시 대신한 사람이에요.
'충무공'은 나라를 지키기 위해 애쓴 무관에게 주는 시호예요.
조선 시대 때 충무공은 모두 9명이었고,
진주 대첩의 김시민도 충무공 중에 한 명이에요.
이렇게 이순신은 2명, 충무공은 9명이에요.
이제부터 이순신 장군은 '충무공 이순신'이라고 불러야겠어요.

이순신

 # 에비, 조선 사람들의 귀와 코

아이들이 조심해야 할 상황에 처했을 때 어른들이
"이거 에비야."라고 하는 말을 들어 본 적 있나요?
이 말은 임진왜란 때 생긴 말이에요.
도요토미 히데요시가 일본군의 사기를 올리기 위해 조선 병사를
죽인 수만큼 상을 주겠다며 귀를 잘라 보내라고 했어요. 그때부터
일본군은 상을 받기 위해 조선 병사를 죽이면 귀를 잘랐어요.
그런데 양쪽 귀를 다 보내고 두 명을 죽였다고 거짓말하는 경우가 많았어요.
그래서 그다음부터는 하나밖에 없는 코를 잘라 보내라고 했어요.
일본군은 하나라도 더 많이 보내서 상을 받기 위해 살아 있는 조선 사람들의
코도 잘라 보냈다고 해요. 지금도 일본에 가면 그 당시 10만 명이 넘는
사람들의 귀와 코를 한데 묻어 놓은 귀무덤이 있어요.

귀를 뜻하는 한자 '이(耳)'와 코를 뜻하는 '비(鼻)'가 합쳐져
'이비'가 되었고 시간이 흘러 '에비'가 되었어요.
귀와 코를 베어 가듯이 위험하다는 뜻에서 겁주는 말로 쓰였지요.
나라가 힘이 없으면 여러 가지로 백성들은 고통을 받게 되지요.
다시는 이런 일을 당하지 않도록 힘을 길러 우리 스스로를 지켜야 해요.

귀와 코를 베어 가듯이 위험하다는 뜻에서 겁줄 때 쓰는 말은 무엇인지 말해 보세요.

귀무덤
일본 교토에 있는 귀와 코의 무덤. 임진왜란 당시
일본군에 죽임을 당한 사람들의 귀와 코가 묻혀 있어요.

 # 기나긴 전쟁으로 고통을 겪는 백성들

7년간 이어진 임진왜란이 마침내 끝이 났어요.
오랜 전쟁으로 조선, 일본, 명나라에는 큰 변화가 있었어요.
오랫동안 전쟁을 겪은 조선 땅은 온 나라가 고통에 짓밟혀 있었어요.
수많은 백성들이 죽거나 다치고, 또 많은 사람들이 일본으로 끌려갔어요.
땅은 농사를 짓지 못할 정도로 황폐해졌고 먹을 것이 없어
백성들은 굶주렸지요. 나라에서는 세금을 거둘 수 없었어요.
게다가 전쟁 중에 나라의 중요한 문서가 없어지고, 궁궐이나 불국사 같은
소중한 문화재들이 불타거나 파괴되었어요.

도자기로 엄청난 돈을 벌게 된 일본

일본에서는 도요토미 히데요시가 죽은 뒤, 가장 큰 경쟁자였던 도쿠가와 이에야스가 도요토미 히데요시의 가족과 부하들을 물리치고 새로운 통치자가 되었어요. 도쿠가와 이에야스야말로 임진왜란으로 가장 큰 이득을 거둔 사람이었어요.
당시 일본은 임진왜란 때 조선에서 데려간 도자기 기술자, 금속 활자 기술자, 유학자 등 우수한 인재들 덕분에 문화가 크게 발전했어요.

특히 일본에서는 조선인 도자기 기술자들 덕분에 훌륭한 도자기 그릇을
만들 수 있게 되었어요. 조선의 기술을 배워 만든 도자기는
아리타 도자기라는 이름으로 유럽까지 수출했어요.
그로 인해 일본은 도자기 기술이 알려지면서
엄청난 돈을 벌고 명성까지 얻어 유럽 사람들에게
대단한 문화를 가진 나라로 여겨졌어요.

일본의 도자기 기술이 발전하게 된 이유를 말해 보세요.

명 멸망의 길로 들어선 명나라

명나라는 일본이 조선을 이기고 명나라에 쳐들어올 것이 두려워
일본과 싸우고 있는 조선에 병사와 식량을 보내 주었어요.
한편 명나라는 그동안 나라의 힘이 많이 약해지는 바람에
만주에서 세력을 키우던 여진족에 신경 쓸 겨를이 없었어요.
여진족은 이때를 기회로 삼아 힘을 키워 후금이라는 나라를 세웠어요.
그리고 곧 이름을 '청'으로 바꾸었어요. 명나라는 막강해진 청나라의
침입과 나라 안의 반란을 이기지 못하고 결국 멸망하고 말았어요.
이제 중국의 새 주인은 여진족이 세운 청나라가 되었어요.

임진왜란이 남긴 『난중일기』와 『징비록』

우리는 임진왜란에 대해 어떻게 알 수 있을까요?
바로 선조들이 남겨 놓은 책들 덕분이에요.
이순신 장군은 임진왜란을 치르면서도 꾸준히 일기를 썼어요.
전쟁 중에 쓴 일기라고 해서 『난중일기』라고 해요.
나라를 생각하는 장군의 마음이 잘 나타나 있어요.
이순신 장군과 병사들이 어떻게 싸웠는지도 알 수 있고요.

난중일기
이 책은 임진왜란 때 이순신이 쓴 일기로 모두 7권이에요. 7년 동안 왜적과 싸우면서 틈틈이 쓴 것으로, 후손들이 390여 년 동안 간직했어요. 특히 『충무공전서』에 실려 있는 일기들만 따로 모아 『난중일기』라는 책으로 묶었어요. 전쟁 상황, 자신의 생각과 느낌, 서민들이 살아가는 모습이나 당시 날씨 등이 상세히 적혀 있어요.

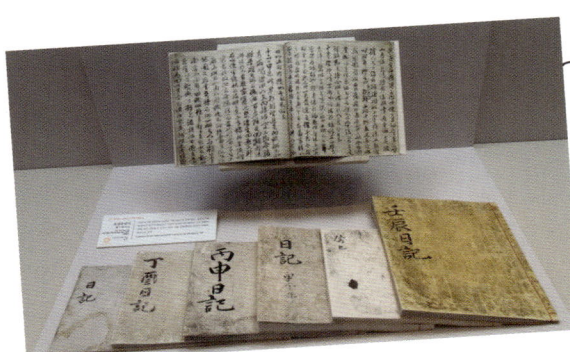

한산섬 달 밝은 밤에
수루에 홀로 앉아
큰 칼 옆에 차고
깊은 시름 하던 차에
어디서 일성호가는 남의 애를 끊나니.

걱정이야.

류성룡은 온 나라에 피해가 극심했던 임진왜란이 끝나자
다시는 그런 일을 겪지 말자는 뜻에서
『징비록』을 썼어요. 이 책에는 임진왜란
7년 동안의 전쟁 과정과 전쟁이 끝난 후
류성룡이 전하고 싶었던 생각이 담겨 있어요.

 징 지난 일을 경계하여

 비 다시는 이런 일이 생기지 않도록

 록 기록하다

임진왜란과 같은 전쟁이 다시는 일어나지 않아야 한다는 마음으로
류성룡이 쓴 책 제목을 말해 보고, 그 뜻도 읽어 보세요.

징비록
임진왜란이 끝난 후 다시는 전쟁이
일어나지 않기를 바라는 마음으로 류승룡이 쓴 책.

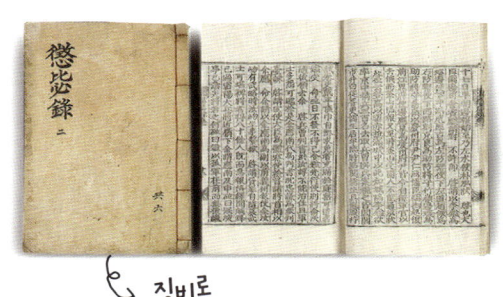

145

한류의 원조, 조선 통신사

임진왜란 후 조선은 일본과 외교 관계를 끊었어요.
하지만 일본의 새로운 통치자가 된 도쿠가와 이에야스는
조선과 외교 관계를 회복해 도쿠가와 정부를 인정받고 싶었어요.
도쿠가와 자신은 임진왜란을 일으킨 도요토미 히데요시를
전혀 돕지 않았고 전쟁과 아무 관련이 없다고 설득하면서
조선에 교류를 계속 요청해 왔어요. 이에 조선은 임진왜란 때 끌려간
조선 사람들을 데려오고, 일본에 대한 정보도 알 수 있는 기회라고 생각했어요.
그래서 다시 일본과 외교 관계를 맺고 통신사를 파견하기 시작했어요.

조선 통신사 행렬도(일부분)

일본은 조선에서 온 통신사들을 온갖 정성을 다해 대접했어요.
조선 통신사의 화려한 행렬은 일본 사람들에게 큰 구경거리였고
마치 축제 같았어요. 이때 일본인들은 조선 통신사에게 글 한 자,
그림 한 장 받는 것이 소원이었다고 해요. 조선 통신사에는 의사, 화가,
인쇄 기술자, 음악가, 광대 등 전문가들이 많았어요. 조선 통신사 일행을 통해
전해진 조선의 문화는 일본 문화 발전에 아주 큰 역할을 했어요.

임진왜란 후 일본의 요청으로 조선이 외교 관계를 위해 일본에 보낸 사람들을 가리키는 말은 무엇일까요?

단원 정리

알다 — 역사 용어

- ☑ **의병**
  나라를 위해 스스로 일어나 외적과 싸우겠다는 의로운 병사.
- ☑ **조선 통신사**
  조선의 조정이 일본에 보낸 외교 사절단.
- ☑ **난중일기**
  임진왜란 때 이순신 장군이 쓴 일기.
- ☑ **징비록**
  류성룡이 임진왜란에서 얻은 교훈을 후세에 남기고자 쓴 책.

보다 — 역사 유물

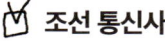

비격진천뢰
조선 시대의 첨단 (기술로 만든) 시한폭탄. 선조 때 만들어졌으며, 안에 철 조각들이 들어 있어서 화약으로 터지면서 적군에 피해를 주는 무기.

신기전
조선 시대 때 사용한 로켓 같은 화살. 화살대에 달린 화약이 타면서 로켓처럼 날아감.

총통 무기
조선 시대 때 사용하던 화포.
크기에 따라 천, 지, 현, 황자 총통이 있음.

조총
일본에 표류한 포르투갈 상인에 의해 전래된 휴대용 화기.

만나다 — 역사 인물

이순신
임진왜란 때 일본의 공격을 물리치고 우리나라의 바다를 잘 지켜낸 장군.

권율
임진왜란 때 행주 대첩에서 큰 승리를 거둔 장군.

김시민
임진왜란 때 진주 대첩을 승리로 이끈 장군.

홍의 장군 곽재우
임진왜란 때 대표적인 의병장으로, 전 재산을 팔아 의병 활동의 자금으로 씀. 왜군과 싸울 때마다 붉은 옷을 입어서 홍의 장군이라고 불림.

류성룡
임진왜란의 총사령관. 퇴계 이황의 제자로 이순신, 권율 장군 등을 선조에게 추천하였고 『징비록』을 씀.

궁금하다! — 역사 생각

임진왜란 후, 일본은 왜 조선의 도자기 기술자를 데려갔을까요?
임진왜란 전까지 일본은 도자기 만드는 기술이 없었어요. 그래서 조선의 도자기 기술자들을 일본으로 데려간 거예요.

명나라는 임진왜란 때 왜 조선을 도왔을까요?
일본이 조선을 공격하고 명나라로 쳐들어가려고 하자, 명나라 땅에서 전쟁하는 것보다는 조선에서 전쟁을 하는 것이 더 낫겠다고 생각했기 때문이에요. 또한 조선에서 명나라의 영향력을 계속 갖고 싶었기 때문이에요.

땅땅 가 다 역사 장소

행주산성 임진왜란 때 권율이 일본군을 맞아 승리로 이끈 곳.

진주성 임진왜란 때 김시민이 일본군을 맞아 승리로 이끈 곳.

(통영) 한산도 이충무공 유적 임진왜란 때 수군 통제영을 설치하였으며 이순신 장군의 흔적이 남아 있는 곳.

전쟁기념관 1층 전쟁역사실에 임진왜란 당시의 무기, 한산도 대첩의 가상 영상, 류성룡의 『징비록』, 행주 대첩 그림 등이 잘 전시되어 있음.

확인하기

01 임진왜란 3대 대첩과 승리로 이끈 장군을 <보기>에서 찾아 빈칸에 쓰세요.

> 보기 권율, 곽재우, 류성룡, 한산도 대첩, 명량 해전, 노량진 해전, 진주 대첩

① 이순신 - (　　　) ② (　　　) - 행주 대첩 ③ 김시민 - (　　　)

02 나라를 위해 스스로 일어나 외적과 싸운 사람들을 부르는 말은 무엇인지 써 보세요.

"힘을 합치면 이길 것이다!"

03 임진왜란 때 우리나라 수군이 사용했던 배가 아닌 것을 골라 보세요.
① 판옥선　　② 거북선　　③ 안택선

풀이 01 ① 한산도 대첩 ② 권율 ③ 진주 대첩 02 의병 03 ③

6장
싸울 것인가, 화해할 것인가?

임진왜란이 끝난 후 조선에는 무슨 일이 일어났을까요?
조선은 청으로 이름을 바꾼 후금의 침입으로
또 다시 전쟁터가 되고 말았어요.
중립 정책을 펼쳐 명과 후금 사이에서 잘 버텼던
광해군 다음에 왕이 된 인조가 명과 친하게 지내며
후금을 배척했기 때문이에요.

1608년
광해군, 왕위에 오름.

1610년
허준, 『동의보감』을 완성함.

1619년
강홍립 부대, 명과 후금의 전쟁에 지원군으로 감.

화가 단단히 난 청은 1636년 병자년에 조선으로 쳐들어왔어요. 이 전쟁을 병자호란이라고 해요. 병자호란의 과정을 알아보고, 앞으로 조선의 운명이 어떻게 되는지 살펴보기로 해요.

1623년
인조, 광해군을 끌어내리는 반정을 통해 왕이 됨.

1627년
후금, 정묘호란을 일으킴.

1636년
청, 병자호란을 일으킴.

어렵게 왕이 된 광해, 조선을 위해 힘쓰다

세자가 된 광해군은 임진왜란 때부터 아버지인 선조를 대신해
전쟁터에서 군사를 모집했고, 백성과 군사들을 격려하며 함께 고생해서
백성들의 마음을 얻었어요. 하지만 광해군은 왕비의 아들이
아니고 후궁의 아들이었기에 어렵게 왕이 되었어요.
왕이 된 광해군은 전쟁으로 엉망이 된 나라를 다시 일으키기 위해
노력했어요. 백성을 힘들게 하던 세금 제도를 고치고,
불에 탄 궁궐을 새로 짓고, 『동의보감』도 완성하게 했어요.

허준, 『동의보감』을 완성하다

조선 최고의 의사 허준은 왕을 치료하는 의사, 즉 어의였어요.
허준은 양반 집안에서 서자로 태어났기 때문에 관리가 되는
문과 과거 시험을 볼 수 없었어요. 그래서 중인이 볼 수 있던
의과 시험에 합격해 의사가 되었어요.
허준은 선조에게 뛰어난 실력을 인정받아 많은 신하들의 반대에도
높은 벼슬을 받아 양반이 되었어요.

🔍 177쪽 '조선은 기록의 나라'에서 『동의보감』을 찾아보세요.

154

허준은 선조의 명으로 다치거나 병들어도 의사에게 치료받기 어려운
백성들과 후대의 의사들을 위해 임진왜란 중에 의학 책을 만들기 시작했어요.
그 책이 바로 『동의보감』이에요.
『동의보감』은 임진왜란 때 만들기 시작해서 광해군 때까지 약 15년에 걸쳐
만든 동아시아 최고의 의학 책이에요. 의사를 만나기 힘든 지방에서도
구하기 쉬운 약초를 이용해서 백성들이 치료할 수 있게
잘 정리해 놓았고, 약초 이름은 한글로도 적어 놓았어요.
『동의보감』은 2009년 유네스코 세계 기록 유산으로 지정되었어요.

조선을 지키기 위한 중립 외교

나라 안은 여전히 어려웠지만 광해군과 백성들이 노력한 덕분에 조금씩 안정되었어요. 한편, 나라 밖에서는 만주 지방에 흩어져 살던 여진족들이 임진왜란 중에 나라를 세웠다는 소식이 전해졌어요. 바로 후금이에요. 힘이 커진 후금은 중국의 주인이 되고 싶었어요. 후금의 위협을 받은 명나라는 조선에 지원군을 보내 달라고 했어요. 광해군은 어떻게 하면 임진왜란 때 도와준 명나라에 의리도 지키면서 후금과도 잘 지낼 수 있을지 고민했어요. 그래서 강홍립 장군에게 1만여 명의 지원군을 주고 명나라를 도와 싸우다가 적당한 때에 후금에 항복하라고 했어요. 어느 편도 들지 않는 중립 외교로, 명과 후금 사이에서 조선을 지키려 한 것이었지요.

✏️ 광해군이 명나라와 후금 사이에서 중립 외교를 한 이유가 무엇인지 찾아 밑줄 그어 보세요.

 쫓겨난 광해군, 왕이 된 인조

여러 신하들이 조선을 지켜 내려는 광해군의 중립 외교 정책을 반대했어요.
그들은 유교의 가르침인 의리를 내세우며 오랑캐인 후금을 배척해야 하며,
임진왜란 때 조선을 도와준 명나라에 은혜를 갚아야 한다고 주장했지요.
하지만 광해군은 신하들의 반대를 물리치고 중립 외교를 고수했어요.
이에 불만을 품은 신하들이 힘을 합쳐 광해군을 왕위에서 몰아냈어요.
동생이 왕위를 위협한다고 생각한 광해군이 어린 영창 대군을 죽이고
새어머니 인목 대비를 가두어 두었다는 것을 구실로 삼았지요.
결국 광해군은 쫓겨나고 인조가 새로운 왕이 되었어요.

 # 오랑캐 후금이랑 친하게 지내기 싫어!

신하들의 도움으로 왕이 된 인조는 그들의 의견에 따라
광해군의 중립 외교를 버렸어요. 나날이 힘이 강해지는 후금을
멀리하고 점점 힘이 약해져 가는 명나라와 친하게 지냈지요.
한편 인조가 왕이 되는 데 큰 공을 세운 이괄이라는 장군이 있었어요.
이괄은 자신이 다른 사람에 비해 공로를 인정받지 못했다며 불만이 많았어요.
그래서 큰 반란을 일으켰어요. 인조는 반란을 피해 한양을 버리고
공주까지 피란을 갔지만, 이괄의 반란은 곧 진압됐어요.
하지만 이 일로 이괄이 지키던 북방의 군사력이 크게 약해졌고,
살아남은 이괄의 부하들은 후금으로 도망갔어요.

후금은 이괄의 부하들을 통해서 조선이 여전히 친명배금이라는 사실을 알았어요.
또 광해군이 쫓겨난 상황도 잘 알게 된 후금은 광해군의 복수를
구실로 조선에 쳐들어왔어요. 이 전쟁을 정묘호란이라고 해요.
인조와 왕실은 서둘러 강화도까지 피란을 떠났어요.
하지만 후금은 이 전쟁을 크게 만들지 않았어요. 왜냐하면 아직은 명나라와
계속 싸워야 했기 때문이에요. 후금은 조선에게 적당히 힘을 보여 주고
형제의 나라가 되어 잘 지내기로 하면서 전쟁을 끝냈어요.

* **친명배금**: 명나라와 친하게 지내고 후금을 멀리함.

조선과 후금은 정묘호란 이후 어떤 관계로 지내게 되었는지 본문에서 찾아 동그라미 해 보세요.

 ## 싸울 것이냐, 화해할 것이냐 그것이 문제로다!

조선은 후금과 친하게 지내기로 했으나 여전히 명나라와 가깝게 지냈어요. 이 사실을 눈치챈 후금은 기분이 나빴어요.
후금은 더욱 힘을 키워서 나라 이름을 '청'으로 바꾸고 황제의 나라가 되었다고 알렸어요. 청나라는 형제의 나라인 조선에 이제 신하의 나라가 되어 청의 황제를 받들라고 요구했어요.
조선의 신하들 중에 나라가 위험하니 일단 청나라와 화해하자는 사람들이 있었어요. 하지만 오랑캐인 청나라에 굴복하지 말고 싸우자는 쪽의 목소리가 더 컸어요. 그래서 조선이 청의 요구를 거절하자, 청나라가 다시 쳐들어왔어요. 병자호란이 일어난 거예요.

청나라의 황제 홍타이지가 직접 군사를 이끌고 얼어붙은 압록강을 건너왔어요. 청나라 군대는 일주일도 안되어 한양까지 내려갔어요.
인조는 청나라가 쳐들어온다는 소식을 듣고 정묘호란 때처럼 왕실 가족들을 강화도로 먼저 피란 보내고 금방 따라 가려고 했어요.
청나라가 그걸 미리 눈치채고 강화도로 가는 길을 막아 버렸어요.
인조와 신하들은 어쩔 수 없이 반대 방향인 남한산성으로 피란하였어요.

🔍 그림을 보면서 임진왜란부터 병자호란까지 일어난 순서를 살펴보세요.

남한산성에서 47일

10만이 넘는 청나라 군사가 남한산성을 둘러쌌어요.
하지만 성안의 신하들은 여전히 둘로 나뉘어 있었어요.
김상헌 같은 주전파는 절대로 청나라에 항복하지 말고 싸우자고 주장했고,
최명길 같은 주화파는 우선 청과 화해하고 나라의 힘을 키우자고 주장했어요.
나라를 살리고자 하는 마음은 같았지만, 방식에 대해서는 서로 생각이
달랐던 거예요. 하지만 성안의 식량은 겨우 50여 일 정도의 양밖에 없었고,
혹독한 추위 때문에 시간이 갈수록 싸움이 불리해질 것이 뻔했어요.
성안에 있는 약 1만 3천 명의 군사들은 추위와 배고픔으로 지쳐 쓰러져 갔어요.

* **주전파**: 전쟁하기를 주장하는 사람들의 무리.
* **주화파**: 전쟁을 피하고 화해하자고 주장하는 사람들의 무리.

남한산성

 세 번 절하고 아홉 번 머리를 조아리다

남한산성에서 힘들게 버티고 있던 조선군에게 나쁜 소식이 들려왔어요.
강화도가 청나라에 무너지고, 피란을 갔던 왕실 가족들이
청나라에 붙잡혔다는 것이었어요. 인조는 결국 항복을 하기로 결정했어요.
남한산성에서 나온 인조는 삼전도로 청나라 황제를 만나러 갔어요.
오랑캐라고 무시하던 청나라 황제에게 세 번 절하고 아홉 번 땅바닥에
머리를 조아리는 '삼배구고두례'를 하기 위해서였지요.
이리하여 조선은 굴욕스러운 항복을 하게 되었어요.

삼전도비의 교훈을 기억하라!

인조는 청나라를 황제의 나라로 섬기겠다고 약속했어요.
청나라는 조선이 반발하지 못하도록 세자 부부와 둘째 왕자인
봉림 대군 부부를 청나라로 데려갔어요. 끝까지 싸우자고 주장했던
신하들과 수십만 명의 백성들도 함께 청나라로 끌려갔어요.
수많은 조선 백성들이 추운 날씨에 멀고 힘든 길을 끌려가다가 쓰러지고 죽었어요.

삼전도비

병자호란에서 패한 조선은 청의 요구로 청나라의 승리를 기념하는 비석, 공덕비를 삼전도에 세워야 했어요. 굴욕적인 역사의 유물인 삼전도비는 조선 후기 고종 때까지 세워져 있다가 청일 전쟁에서 청나라가 일본에 패해서 조선에서 완전히 물러간 후에 땅속에 묻어 버렸어요. 그 뒤로 삼전도비는 다시 세워지고 묻히고를 반복하다가 지금은 서울시 송파구 잠실동에 세워져 있어요.
다시는 굴욕의 역사를 겪지 않겠다는 다짐과 교훈을 주고 있지요.

단원 정리

알다 — 역사 용어

☑ **동의보감**
선조 때 허준이 만든 동양 최고의 의학 서적. 세계 기록 유산으로 등재.

☑ **중립 외교**
임진왜란 이후, 힘을 잃어 가던 명나라와 나날이 강해지던 후금 사이에서 조선을 위해 어느 편에도 치우치지 않았던 광해군의 외교 정책.

☑ **오랑캐**
중국의 입장에서 주변 이민족을 낮추어 부르던 말.

☑ **주전파**
전쟁하기를 주장하는 사람들의 무리. 병자호란 때 오랑캐인 청나라에 굴복하지 말고 끝까지 싸우자고 한 사람들.

☑ **주화파**
전쟁을 피하고 화해하자고 주장하는 사람들의 무리. 병자호란 때 청나라와 싸우면 나라에 좋지 않으니 우선 화해하고 힘을 기르자고 한 사람들.

☑ **삼배구고두례**
세 번 절하되 절할 때마다 머리를 세 번씩 조아리는 예법으로 청나라 황제가 인조에게 요구한 것.

역사 인물 만나다

광해군
후궁의 둘째 아들로 어렵게 왕이 되었고, 조선을 위한 실리적인 중립 외교로 나라를 지키려 했으나 인조반정으로 폐위됨.

인조
조선의 제16대 왕. 명과의 의리를 지켜야 한다고 생각한 신하들이 광해군을 폐위시키면서 왕이 되었음. 결국 청나라의 공격을 받아 굴욕적으로 패배를 인정해야 했음.

김상헌
병자호란이 일어난 전후에 청나라와 끝까지 싸워야 한다고 주장한 주전파의 대표적인 인물.

최명길
병자호란이 일어난 전후에 나라를 구하기 위해 우선 청나라와 화해하고 힘을 기르자고 주장한 주화파의 대표적인 인물.

허준
선조와 광해군의 어의. 1610년에 조선 사람들에게 맞는 여러 가지 의학 방법을 담은 『동의보감』을 완성함.

 가다 역사 장소

남한산성 남한산성은 통일 신라 문무왕 때 처음 성을 쌓고 이름을 주장성이라고 했어요. 1625년 인조 때 그 자리에 다시 지었고, 그후 순조 때까지 여러 시설을 추가했어요. 북한산성과 함께 한양을 지키는 성이었어요. 현재 동·서·남·북문, 방어 시설과 비밀 통로, 우물, 관아, 군사 훈련 시설 등이 남아 있어요. 1636년 병자호란이 일어나자 인조가 이곳으로 피신해 청에 항쟁했던 곳이에요.

 ❶ 남한산성 동문
 ❷ 남한산성 서문
 ❸ 남한산성 남문
 ❹ 남한산성 북문
 ❺ 남한산성 암문(비밀 통로)
 ❻ 수어장대
 ❼ 남한산성 옹성
 ❽ 남한산성 도립 공원

 확인하기

01 다음 설명을 잘 읽고 '나'는 어떤 왕인지 이름을 쓰세요.

> "나는 임진왜란 때 선조를 대신해 백성과 나라를 위해 싸웠어요. 임진왜란 후 엉망이 된 나라를 일으키기 위해 불에 탄 궁궐을 새로 지었어요. 세금 제도를 고치고 농사지을 땅을 늘렸어요. 또한 약해지는 명나라와 강해지는 후금 사이에서 중립 외교를 펼쳤어요."

02 다음 그림에서 (가)에 들어갈 알맞은 전쟁의 이름을 쓰세요.

7장
교과서보다 친절한 문화, 문화재 이야기

조선이 세워지고 병자호란이라는 큰 전쟁을 치르는 동안
조선 사람들이 일군 문화와 문화재에 대해 알아보기로 해요.
유교를 받아들인 조선은 불교의 나라 고려와 어떻게 달랐을까요?
조선 시대의 예술, 건축, 서적은 어떤 것들이 있는지,
임진왜란과 병자호란 등의 엄청난 전쟁을 치렀던
조선의 무기들도 살펴보세요.

1395년에 태조 이성계가 완성한 경복궁은 1592년 임진왜란 때 불에 타 없어지고, 1867년 흥선 대원군이 다시 지었다고 해.

1395년
태조 때 석판에 새긴 천문도 천상열차분야지도를 만듦.

1402년
태종 때 세계 지도인 혼일강리역대국도지도를 만듦.

1429년
세종 때 농사에 필요한 지식을 담은 농업 서적인 『농사직설』을 펴냄.

1443년
· 세종 때 집현전 학자들이 모범이 될 만한 충신, 효자, 열녀의 이야기를 모아 놓은 『삼강행실도』를 펴냄.
· 세종, 훈민정음을 창제함.

1446년
세종이 집현전 학자들과 함께 『훈민정음 해례본』을 지음.

1447년
안견이 세종의 셋째 아들인 안평 대군의 꿈을 표현한 「몽유도원도」를 그림.

1485년
· 세조 때 시작하여 1476년 성종 때 완성하여 『경국대전』을 펴냄.
· 성종 때 고대부터 고려 말까지의 역사를 쓴 『동국통감』을 펴냄.

1610년
허준이 조선의 의학서 『동의보감』을 씀.

검소하나 누추하지 않고
화려하나 사치스럽지 않은 조선의 건축

외국인들도 놀라워하는 조선 시대 건축이래.

조선은 유교 정신을 건국 이념으로 삼은 국가예요.
그래서 궁궐이나 종묘 등 나라의 중요한 여러 건축물들을
유교의 미덕에 따라 화려하지만 사치스럽지 않게,
그리고 자연과의 조화를 생각하며 지었어요.
건물에는 유교의 좋은 뜻을 담아 이름을 붙였어요.
조선 시대의 대표 건축물인 경복궁을 통해 함께 알아볼까요?

경복궁 태조 이성계가 조선을 세운 후, 1395년에 완성된 궁궐이에요. 조선이 백성과 함께 오래오래 큰 복을 누리라는 뜻에서 정도전이 경복궁이라고 이름을 지었어요. 경복궁 안에 어떤 건물이 있는지 알아보기로 해요.

1 광화문
경복궁 남쪽에 있는 정문.
경복궁으로 들어가는 첫 번째 문.

2 근정전
신하들이 임금께 새해 인사를 드리거나
국가의 큰 행사를 열고, 외국 사신을 맞이하는 곳.

3 사정전
왕과 신하가 모여 나랏일을 의논하던
회의실 겸 왕의 집무실.
★ 이곳에 해시계가 설치되어 있어요.

여기서 부지런히 일하실 거야.

지금의 청와대 같은 곳이겠지?

4 수정전
근정전의 서쪽에 있는, 집현전이 있었던 곳.

5 강녕전
왕이 지내는 곳.

왕은 어떤 잠옷을 입었을까?

6 교태전
왕비가 지내는 곳.

7 동궁전
세자가 머무는 곳.

8 자경전
대비가 지내는 곳.

9 경회루
조선 최고의 연회장.

왕이 사는 곳은 역시 아름답네.

10 향원정
왕실의 휴식 공간.

왕 노릇 쉽지 않아.

기록의 나라, 조선

우리나라는 기록을 소중히 여기는 전통을 가지고 있어요.
우리나라가 유네스코에 등재된 세계 기록 유산은 모두 16건입니다.
그중에 조선 시대 기록들이 많이 포함되어 있어요.
『훈민정음 해례본』, 『조선왕조실록』, 『동의보감』, 『난중일기』 등이지요.
그래서 조선을 기록의 나라라고 불러요. 조선 전기의 기록물들을
한번 살펴볼까요?

『훈민정음 해례본』
세종 대왕이 오랫동안 연구해 만든
우리 고유의 글자 훈민정음을 설명하고
풀이한 책이에요.

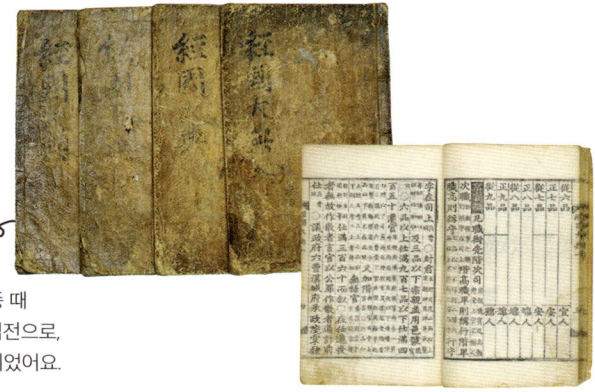

『경국대전』
세조 때 만들기 시작해서 성종 때
완성되었어요. 조선 최고의 법전으로,
당시 생활과 통치의 기본이 되었어요.

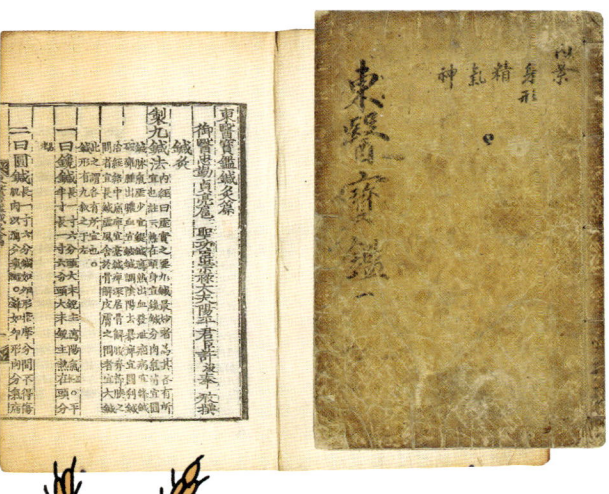

『동의보감』
허준이 선조의 명을 받고 약 14년에 걸쳐 만든 조선 최고의 의학 백과사전이에요. 우리나라에서 쉽게 구할 수 있는 약초 등을 이용한 처방법을 알려 주고 백성들이 쉽게 알 수 있도록 약초 이름을 훈민정음으로도 적어 놓았어요.

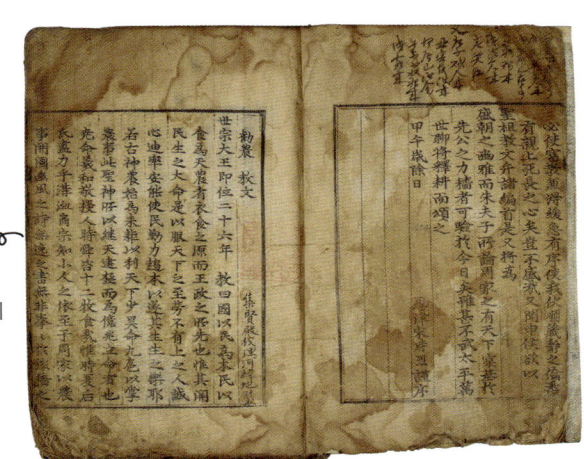

『농사직설』
세종이 백성들을 위해 정초 등의 신하에게 만들게 한 농사에 관한 책이에요. 오랫동안 농사지은 실제 농부의 경험을 바탕으로 조선의 기후와 땅에 맞게 만들어졌어요.

태·정·태·세 문·단·세!
왕 이름 외우기도 힘든데.

『조선왕조실록』
조선 태조부터 철종 때까지 472년간 왕들과 그 당시에 일어난 여러 일들을 시간 순서대로 기록해 놓은 조선의 역사책이에요. 전 세계 단일 왕조의 기록으로는 가장 규모가 큰 책이며, 임금조차 보지 못했을 정도로 공정하고 정확하게 기록했어요. 유네스코 세계 기록 유산으로 등재되어 있어요.

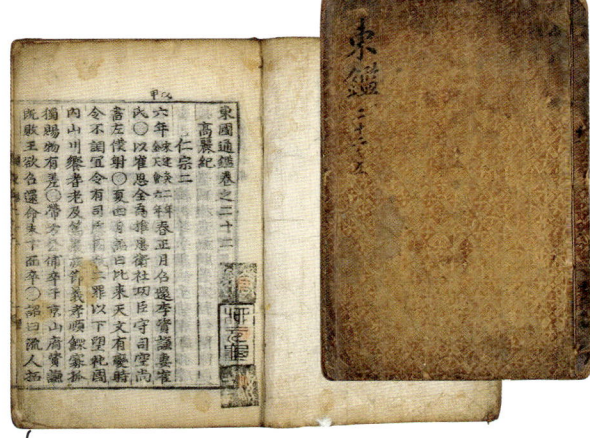

『동국통감』
성종의 명으로 서거정, 강희맹, 맹사성 등이 단군 조선부터 고려 말까지의 역사를 모아 정리한 책이에요.

 # 조선 시대 사람들은 세상을 어떻게 생각했을까?

조선 시대 사람들은 어떤 삶을 꿈꾸었을까요?
그들은 이 세상을 어떤 모양이라고 생각했을까요?
이런 생각들은 그때 그려진 그림과 지도에 잘 나타나 있어요.
아쉽게도 조선 전기의 그림과 지도는 많이 남아 있지 않아요.
오늘날까지 전해지는 그림들과 지도를 살펴볼까요?

그림은 언제나 보기 쉽고 재밌지.

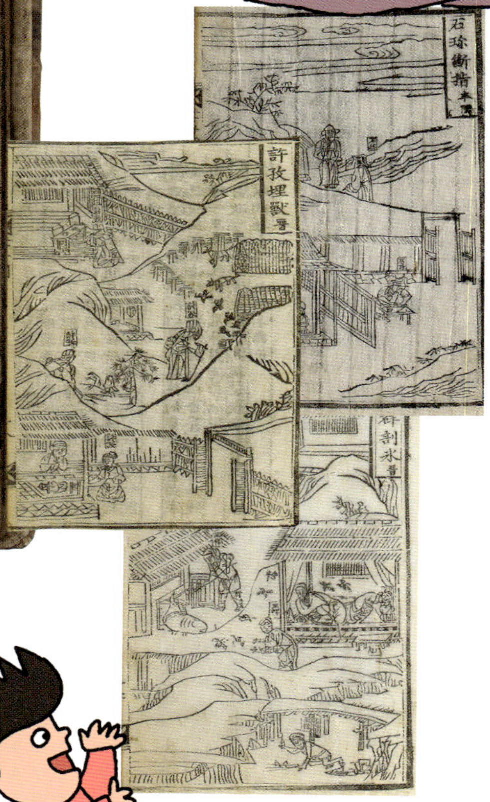

『삼강행실도』
세종이 유교의 윤리를 백성들에게 알리고자 만든 그림책이에요.
충신, 효자, 열녀들의 이야기를 모아 어려운 한자를 모르는
백성들이 알기 쉽게 그림도 함께 그려 넣었어요.

조선 시대 어린이들은 이 책을 봤을까?

안견, 「몽유도원도」
세종의 아들 안평 대군이 꿈에서 거닐며 놀았던 아름다운 복숭아 밭(도원)을 화가 안견을 시켜 그린 그림으로, 조선 전기의 대표적인 산수화예요.

천상열차분야지도
조선 태조 때 천체의 위치와 움직임을 그린 그림이에요. 밤하늘의 별자리 28수를 순서와 구역에 따라 나누어 담았어요. 세계에서 두 번째로 오래된 천문도예요.

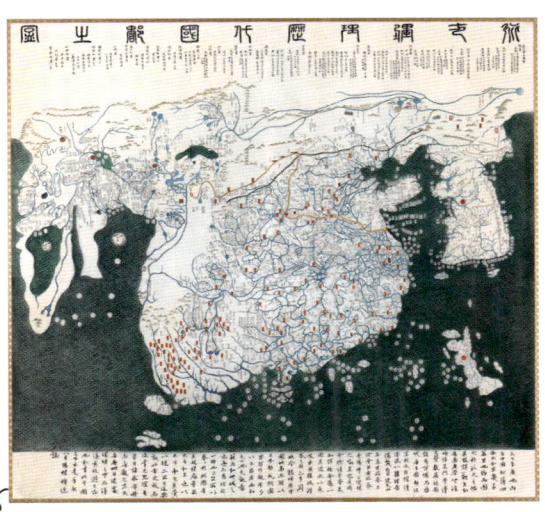

혼일강리역대국도지도
태종 때 국가 주도로 만든, 현존하는 조선 최고의 세계 지도예요. 중국이 세상의 중심이라고 여겼기 때문에 중국을 가운데에 놓고 아주 크게 그렸어요. 조선도 실제보다 훨씬 크게 그렸어요. 당시에 '하늘은 둥글고 땅은 네모지다.'라고 생각했음을 보여 주고 있어요.

밤하늘로 떠나는 지도 여행이네.

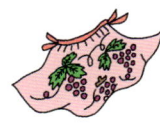
화폐에 숨어 있는 조선의 문화

각 나라의 화폐에 역사와 문화가 보인다는 말이 있어요. 화폐는 나라를 대표하는 중요한 인물이나 문화재를 넣어 만들기 때문이에요. 우리나라 화폐에는 어떤 역사와 문화, 인물들이 숨어 있는지 알아볼까요?

01 매화
매화는 조선 시대 선비들이 좋아하던 사군자(매화, 난초, 국화, 대나무) 중의 하나예요. 이황은 매화를 너무 좋아했고 죽을 때조차 "저 매화에 물 주어라."라고 말했대요.

02 성균관 명륜당(보물 제141호)
성균관은 조선 최고의 교육 기관이고, 명륜당은 성균관 유생들에게 학문을 가르치던 강당이었어요. 이곳에서 조선의 많은 인재들이 교육을 받았어요. 퇴계 이황은 성균관의 대사성, 지금으로 치면 국립서울대학교 총장을 지냈답니다.

03 퇴계 이황
퇴계 이황은 조선 연산군 때 태어나서 선조 때까지 살았던 조선의 대표적인 학자이자 문신, 교육자였어요.

04 계상정거도(보물 제585호)
「계상정거도」는 조선 시대 유명한 화가인 겸재 정선이 그린 그림이에요. 이황이 제자들을 가르쳤던 도산 서당과 그 주변을 배경으로 그렸어요.

01 오죽
율곡이 태어난 오죽헌 주변에 검은 대나무가 있었어요. 그래서 집 이름도 오죽헌이라고 지었어요. 보통 대나무와 달리 줄기가 까마귀처럼 검다고 해서 오죽이라고 해요. 한자 '오(烏)'는 까마귀라는 뜻이에요.

02 오죽헌 몽룡실
오죽헌은 율곡 이이가 태어난 외가로, 강원도 강릉에 있어요. 어머니인 신사임당이 율곡을 낳기 전에 꿈에 검은 용을 보았다고 해서 어릴 때 '현룡(見龍)'이라고 불렀대요. 그가 태어난 방에는 '몽룡실'이라고 이름 붙였어요.

03 율곡 이이
조선 명종 때 태어나 선조 때까지 살았던 조선의 대학자이자 정치가로, 퇴계 이황과 더불어 조선을 대표하는 유학자예요. 한 번도 붙기 어려운 과거 시험에 아홉 번 장원을 한 천재라고 해요. 그리고 임진왜란 9년 전에 선조 임금에게 외적의 침입에 대비해 10만 명의 군사를 길러야 한다고 주장했어요.

04 「초충도」
율곡의 어머니인 신사임당이 그린 그림이에요. 원래 8폭짜리 병풍에 그려진 그림으로, '오천 원권'에 그려진 것은 '수박과 여치', '맨드라미와 개구리' 2폭이에요.

01 「용비어천가」

「용비어천가」는 세종 대왕이 창제한 한글로 지어진 최초의 시예요.
한글이 우리말을 얼마나 잘 표현할 수 있는지 시험하기 위해 지은 시로, 조선의 건국과
역대 왕들의 공덕을 찬양하고 후대의 왕들이 잘 이어가라고 당부하는 내용이에요.

뿌리 깊은 나무는 바람에 흔들리지 않고, 꽃이 좋고 열매가 많나니
샘이 깊은 물은 가뭄에 마르지 않고, 시내를 이루어 바다로 가나니

02 「일월오봉도」

왕권을 상징하는 그림으로, 항상 왕이 앉는 자리 뒤에 그려져 있어요. 왕이 멀리 행차할 때도
항상 가지고 다니면서 이 병풍을 쳤어요. 돌아가신 왕의 초상화 뒤에도 놓았어요.
옛날 사람들은 이 세상이 하늘과 땅과 사람으로 이루어져 있다고 생각했어요.
이 그림에서도 해와 달은 하늘을, 산과 나무와 물 등은 땅을 의미해요. 그런데 사람이 없지요?
그래서 이 그림은 미완성이에요. 하늘을 대신해 백성을 다스리는 왕이 앉아야만
하늘, 땅, 사람의 조화가 이루어져 「일월오봉도」가 완성되는 거예요.

03 세종 대왕

우리나라 화폐의 대표 인물인 세종 대왕은 조선의 제4대 왕이에요.
그가 만든 훈민정음의 자음과 모음이 옷깃에 아주 작게 그려져 있어요.

04 혼천의(국보 제230호)

세종 때 장영실과 과학자들이 만든 천문 관측 기구예요. 농사짓는 백성들에게 정확한
시간과 계절을 알려 농사에 도움을 주려고 만든 아주 정밀한 기구였어요.
세종 때 혼천의는 남아 있지 않아서 화폐 속 혼천의는 17세기에 만들어진 것이라고 합니다.

05 천상열차분야지도(국보 제228호)

천상열차분야지도는 세계에서 가장 오래된 천문도예요. 조선을 건국한 지 얼마 지나지 않았을 때
한 노인이 바친 고구려 때의 천문도를 바탕으로 그 시기의 하늘에 맞게 좀 더 보충해서 돌에 새겨
만들었다고 해요. 우리나라 밤하늘에 빛나는 별자리 28수의 모습이 잘 나타나 있어요.

06 광학천체망원경

광학천체망원경은 경북 영천에 있는 보현산천문대에 있어요.
지름이 1.8미터로 우리나라에서 가장 큰 반사망원경이에요.

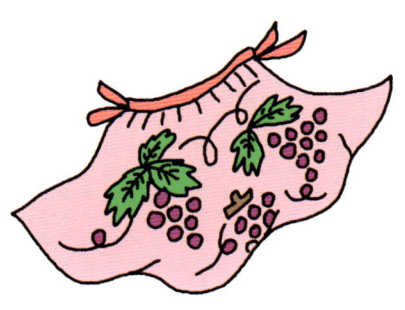

01 「묵포도도」

신사임당은 풀벌레와 포도를 잘 그렸다고 해요. 어느 날 잔칫집에서 신사임당은 비단옷을 빌려 입고 온 가난한 여인이 치마에 얼룩이 묻어 어쩔 줄 몰라 하는 것을 보고 안타까운 마음에 치마에 포도 그림을 그려 주고 그것을 시장에 내다 팔게 했대요. 가난한 여인은 그 치마를 팔아 옷값을 갚고도 새 옷감을 몇 벌 더 살 수 있었답니다.

02 「초충도수병」(보물 제595호)

신사임당이 그린 「초충도수병」은 보물로 지정된 그림이에요. 얼마나 잘 그렸는지 그림을 다 그린 후 말리려고 마당에 놓았는데 닭이 진짜 벌레인 줄 알고 그림을 쪼아서 종이가 뚫어질 뻔했대요. 세월이 지난 후 이 그림을 본 숙종도 감탄했다고 해요.

03 신사임당

조선 연산군 때 태어나 명종 때까지 살았던 화가이자 시인이었고, 학문에도 뛰어난 예술가였어요. 조선의 대학자 율곡 이이의 어머니이기도 하지요.

04 「월매도」

어몽룡이란 사람이 그린 그림으로, 달밤에 본 매화를 그려서 월매도예요.

05 「풍죽도」

이정이라는 사람이 그린 바람에 날리는 대나무 그림이에요.
대나무는 선비들이 사랑하는 사군자 중에 하나로 변치 않는 곧은 마음을 상징해요.
옛말에 '대쪽 같은 사람'이라는 말이 있어요.
변치 않는 곧은 마음을 지키는 사람을 대나무에 비유한 말이에요.

무기를 알면 전쟁이 보인다

조선은 임진왜란과 병자호란이라는 큰 전쟁을 치르면서 엄청난 피해를 겪었어요. 전쟁에서 조선은 어떤 무기들로 공격을 당했고, 어떤 무기로 나라를 지켜내려 했을까요? 그 당시 사용되었던 무기들을 알아보면서 임진왜란과 병자호란을 좀 더 이해해 보기로 해요.

임진왜란 때 사용한 조선의 무기들

전쟁기념관 전쟁역사실

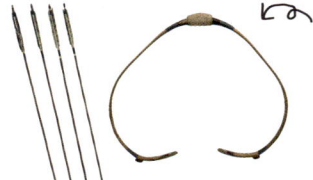

화살, 활
조선의 대표적인 무기로 재질에 따라 목궁, 각궁, 철궁 등으로 나뉘어요. 화살도 길이에 따라 여러 가지가 있었어요.

창
창은 긴 장대를 이용하여 상대방을 공격하는 무기로 길이나 모양, 용도에 따라 나뉘어요. 삼지창 모양의 끝이 예리한 창이 주로 쓰였는데 길이가 짧아 임진왜란 때 도움이 되지 못했다고 해요. 임진왜란 이후 창의 길이 등을 보완하여 다양한 종류의 창이 만들어졌어요.

 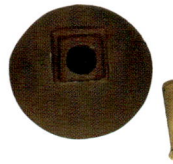

비격진천뢰
도화선에 불을 붙여 발사하는 폭탄의 일종이에요. 도화선의 길이에 따라 폭발 시간을 조절할 수 있었어요. 내부에 날카로운 쇳조각을 넣어 폭발시키면 쇳조각이 사방으로 튀어 적들을 물리칠 수 있었어요. 임진왜란 때 일본군들이 가장 무서워했던 무기예요.

총통 화포류

둥글고 긴 쇠관에 돌, 철환(둥근 쇳덩이)을 넣고 화약의 힘으로 발사해 적의 진지나 배를 부수는 데 이용했어요. 크기에 따라 천자, 지자, 현자, 황자, 승자 총통 등이 있어요. 조선 수군이 많이 사용했던 무기예요.

신기전

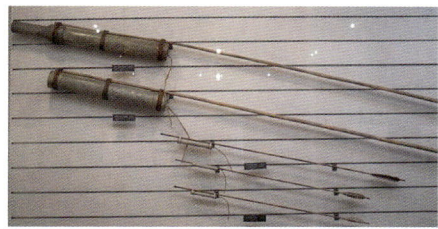

주로 화차에 실어 100개의 화살을 동시에 로켓처럼 발사할 수 있는 위력적인 무기예요. 크기에 따라 대, 중, 소 신기전이 있어요. 사거리도 길어서 적을 놀라게 하는 효과도 컸다고 해요. 행주 대첩 때 권율 장군이 신기전 화차를 이용해 크게 승리했죠.
*사거리: 화살이 날아가 닿을 수 있는 거리.

신기전 화차

나무통의 구멍에 중 · 소 신기전 100개를 넣은 후 동시에 발사할 수 있는 장치예요. 신기전을 발사할 때에는 화차 수레의 각도를 조절한 뒤 신기전 약통에 붙어 있는 점화선을 한데 모아 불을 붙여요. 동시에 15개씩 위층에서 아래층까지 차례로 발사되거나 한꺼번에 100발이 발사돼요.

일본군은 임진왜란에서 어떤 무기를 썼는지 알아볼까요?

 조총: 총알이 100미터 정도 날아가는데 조선군에게 공포를 주는 심리적 효과가 컸음. 단, 발사 과정이 복잡하고 물에 젖으면 사용이 어려운 단점이 있음. 포르투갈에서 전해진 총을 개량해서 만듦.

 검(타치): 날이 긴 칼은 90센티미터 이상 되므로 조선군의 손목에 부상을 많이 입혔음.

 창(스야리): 조선의 창보다 길고 가벼움.

 치도(나기나타): 일본식 언월도. 길이가 길어서 기병이나 말의 공격에 많이 쓰였고 가까운 거리에서는 적의 발을 베거나 걸어 넘어지게 함.

불랑기포

포르투갈인을 통해 명나라로 들어간 대포예요. 불랑기라는 이름은 아라비아 상인들이 포르투갈을 '불란국'이라고 불러서 생겨난 이름이라고 해요.

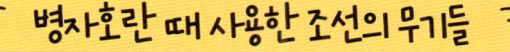

병자호란 때 사용한 조선의 무기들

병자호란이 일어났을 때 조선은 활과 화살, 총통 등으로 싸웠어요. 그리고 임진왜란 때와 무기는 비슷했지만 다양한 종류의 창과 조총이 많이 개발되고 보급되었어요. 그래서 당시에는 조선군의 40퍼센트가 조총수(조총을 쏘는 군인)였다고 합니다. 그러나 청나라 군인들이 말을 타고 싸우는 기병이라 조총이 그 힘을 발휘하지 못했대요. 이때 사용된 무기 중에 눈에 띄는 것은 임진왜란 때 명군이 들여온 불랑기포라고 해요.

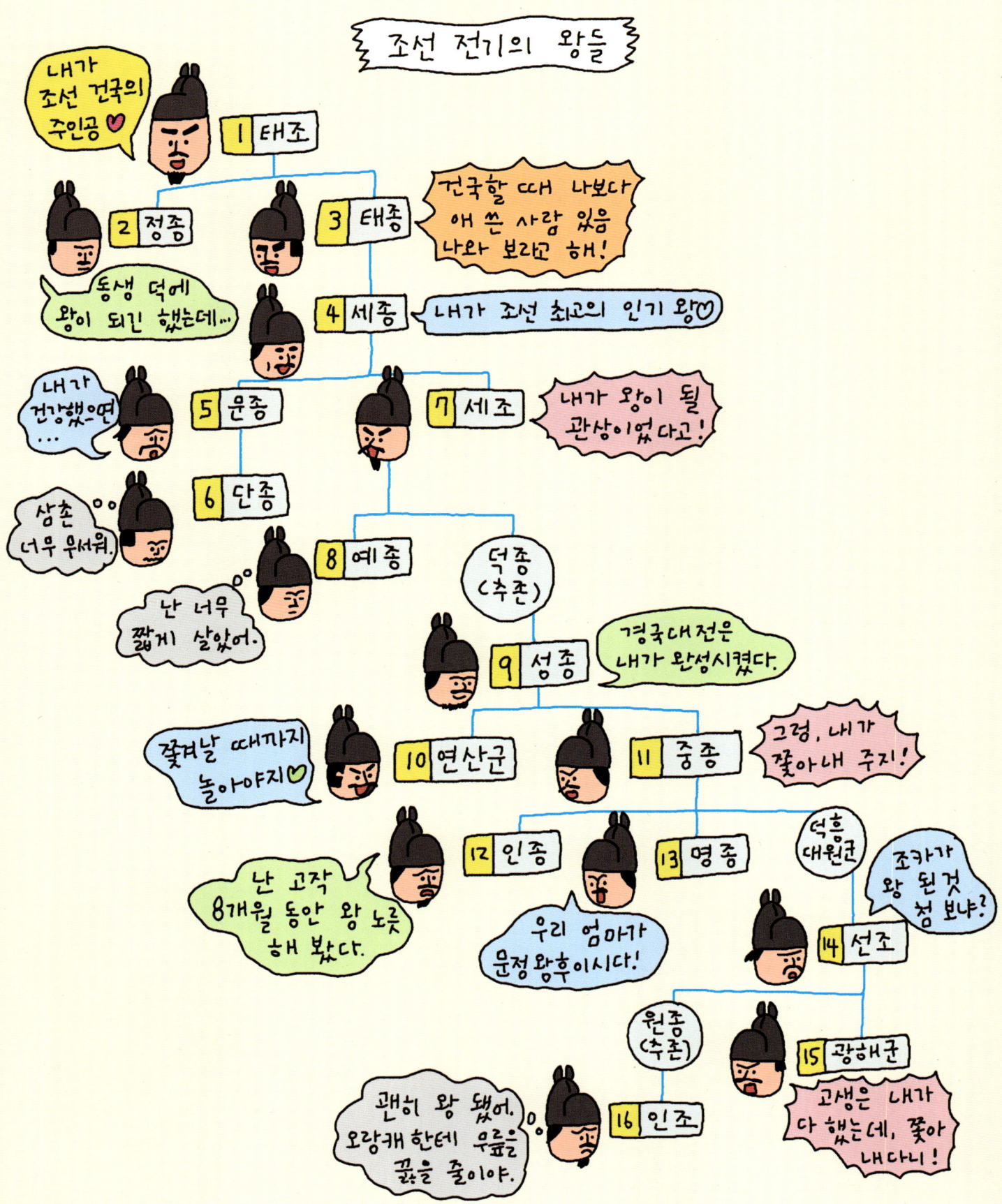

- 태조(1392년~1398년) 조선을 건국함.
- 정종(1398년~1400년) 동생 덕분에 왕이 됨.
- 태종(1400년~1418년) 조선을 세우는 데 공을 세움. 왕자의 난을 일으켜 왕이 됨.
  강력한 왕권, 호패법을 실시함.
- 세종(1418년~1450년) 조선 최고의 왕. 한글을 창제하고 과학을 발전시킴.
- 문종(1450년~1452년) 똑똑한 왕이었으나 몸이 약해 일찍 죽음.
- 단종(1452년~1455년) 삼촌인 수양 대군에게 왕위를 빼앗기고 죽임을 당한 어린 왕.
- 세조(1455년~1468년) 계유정난을 일으키고 조카 단종의 왕위를 빼앗음. 왕권 강화에 힘씀.
- 예종(1468년~1469년) 세조의 아들로 몸이 허약해 일찍 죽음.
- 성종(1469년~1494년) 조선 제도와 문물을 거의 이룸. 『경국대전』을 완성하고, 홍문관을 설치함.
- 연산군(1494년~1506년) 사치와 향락을 일삼고, 무오사화, 갑자사화를 일으켜 많은 신하들을 죽임.
- 중종(1506년~1544년) 연산군을 몰아낸 중종반정으로 왕이 됨. 훈구파를 견제하기 위해
  조광조를 비롯한 사림 세력을 등용함. 급진적인 개혁의 반발로 끝내
  기묘사화를 통해 많은 사림들이 죽임을 당함.
- 인종(1544년~1545년) 조선의 역대 임금 중에 재위 기간이 9개월로 가장 짧음.
- 명종(1545년~1567년) 어린 나이에 왕위에 올라 어머니인 문정 왕후가 대신
  나라를 다스림(수렴청정).
- 선조(1567년~1608년) 임진왜란이 일어나자 나라를 제대로 다스리지 못하고
  광해군에게 넘김.
- 광해군(1608년~1623년) 임진왜란으로 무너진 나라를 일으키고자 노력하였고,
  나라의 이익을 위해 명나라와 후금 사이에서 중립 외교를 펼쳤으나
  이에 불만을 품은 신하들에 의해 왕위에서 쫓겨남.
- 인조(1623년~1649년) 광해군의 중립 외교 정책에 불만을 품은 신하들에 의해
  왕위에 오름. 후금을 배척하고 명나라를 따라 정묘호란,
  병자호란이 일어났고 굴욕적인 패배를 함.

*( )안의 연도는 왕으로 지낸 재위 기간임.

이 책에 실린 사진들

이 책에 실린 사진들은 저작권자의 허락을 받았으며, 사진들의 일부는 비용을 지불하고 사용을 허락받았습니다.
아울러 공공누리 저작물의 이용 조건에 맞게 수록하였습니다.
이 책의 사진들을 고르는 데 여러 가지로 조언해 주신 국립경주문화재연구소 임주희 선생님과
사진을 실을 수 있도록 허가해 주신 여러 기관과 담당자분들께 감사를 드립니다.

쪽	사진 설명
037	**한양 도성, 종묘, 사직단**-문화재청
048	**앙부일구**-문화재청/ **자격루**-국립고궁박물관
051	**편종, 편경, 율관**-국립국악원
055	**정조어필한글편지첩**-국립한글박물관
059	**앙부일구**-문화재청/ **금영측우기**-문화재청
	자격루-국립고궁박물관/ **혼천의**-국립중앙박물관
069	**『경국대전』 표지, 내지**-국립중앙박물관
087	**도산서원, 선정릉**-한국관광공사/ **청령포**-강원도청
105	**유교문화박물관, 남산골한옥마을**-한국관광공사
	안동 하회마을-한국문화관광연구원
112	**조총**-강화전쟁박물관
113	**부산진순절도, 동래부순절도**-육군사관학교 육군박물관
144	**아산이충무공유허_난중일기 초고본**-문화재청
145	**『징비록』 표지, 내지**-국립진주박물관 전시실
146	**「조선 통신사 행렬도」**-국립중앙박물관
148	**『징비록』**-국립진주박물관 전시실
	비격진천뢰-국립중앙박물관 전시실-개인촬영(박물관북스)
	조총-국립중앙박물관/ **총통**-강화역사박물관
149	**행주산성, 진주성, 한산도 이충무공 유적지**-한국관광공사
	전쟁기념관-전쟁기념관
164	**남한산성**-문화재청
169	**삼전도비**-송파구청
170	**『동의보감』**-국립중앙박물관
171	**남한산성 동문, 남한산성 도립 공원**-남한산성 세계문화유산센터
	남한산성 서문, 남문, 북문, 수어장대, 옹성, 암문-문화재청
174	**광화문**-한국관광공사/ **근정전, 사정전**-문화재청
175	**수정전, 강녕전, 교태전, 동궁전, 자경전, 경회루, 향원정**-문화재청
176	**『훈민정음 해례본』(영인본)**-국립한글박물관
	『경국대전』-국립중앙박물관
177	**『동의보감』, 『동국통감』**-국립중앙박물관
	『농사직설』-국립한글박물관/ **『조선왕조실록』**-문화재청
178	**『삼강행실도』**-국립중앙박물관
179	**「몽유도원도」**-게티이미지/ **「천상열차분야지도」**-국립중앙박물관
	「혼일강리역대국도지도」-서울대학교 규장각 한국학연구원
180	**성균관 명륜당**-한국관광공사/ **천원 앞뒤**-한국은행 화폐박물관
181	**오죽헌 몽룡실**-문화재청/ **오천원 앞뒤**-한국은행 화폐박물관
182	**만 원 앞뒤**-한국은행 화폐박물관
183	**오만 원 앞뒤**-한국은행 화폐박물관
184	**전쟁박물관 전쟁역사실 조선**-개인촬영(임주희)
	활-국립민속박물관/ **화살, 창**-국립중앙박물관
	비격진천뢰-전쟁박물관
185	**신기전, 신기전 화차**-전쟁기념관
	총통, 불랑기포-강화역사박물관/ **조총**-국립중앙박물관